KB060417

UNODC
United Nations Office on Drugs and Crime

유엔 형사사법 핸드북

회복적 사법 프로그램을 위한 핸드북

제2판

CRIMINAL JUSTICE HANDBOOK SERIES

박영사

Thailand Institute of Justice
affiliated with the **United Nations**

This publication has been prepared in collaboration with the Thailand Institute of Justice.

Cover photo: ©Fotofermer – stock.adobe.com

박영사

유엔 마약 범죄사무소
비엔나

유엔 형사사법 핸드북 시리즈

회복적 사법 프로그램을 위한 핸드북
제2판

UNITED NATIONS

Vienna, 2020

© United Nations, March 2020. All rights reserved, worldwide.

The designations employed and the presentation of material in this publication do not imply the expres– sion of any opinion whatsoever on the part of the Secretariat of the United Nations concerning the legal status of any country, territory, city or area, or of its authorities, or concerning the delimitation of its frontiers or boundaries.

This publication has not been formally edited.

The text of the present publication is an unofficial translation.

감사의 글

이 「회복적 사법 프로그램을 위한 핸드북」은 유엔마약범죄사무소UNODC, United Nations Office on Drugs and Crime 가 제작하였다. 이 책은 국제형사 사법정책 연구센터의 선임연구연구원인 Yvon Dandurand와 캐나다 프레 이져 벨리 대학교의 범죄학 및 형사 사법 학과의 Annette Vogt가 UNODC 범죄예방 및 형사 사법부 책임 자인 이지애Jee Aei(Jamie) Lee와 함께 협력하여 작성하였다.

UNODC는 2017년 11월 경제사회 이사회 결의안 2016/17에 의거하여 캐나다 오타와에서 전문가 그룹 회의를 소집하여 형사 사법에 회복적 사법 프로그램 사용을 위한 기본 원칙의 사용 및 적용뿐만 아니라 회 복적 사법 영역의 새로운 개발과 혁신적인 접근을 검토하였다. 이번 회의에서 전문가들은 형사 사법에 회복 적 사법을 적용하기 위한 각종 현안에 "추가적인 실무지침"을 개발할 것을 권고하였다. 이 요청은 범죄예방 및 형사 사법 위원회 27차 회의에서 UNODC가 2006년 발간한 회복적 정의 프로그램 핸드북의 초판 수정 을 요청하면서 다시 이루어졌다.

이에 따라 UNODC는 핸드북 개정판 제작에 착수하였다. 수정된 초안은 2019년 6월 17일부터 19일 까지 태국 방콕에서 열린 전문가 그룹회의에서 검토되었다. UNODC는 이 회의에 참여하여 귀중한 제언 과 공헌을 한 다음의 전문가들에게 감사를 전한다. Daniel Achutti, Vongthep Arthakaivalvatee, Daniela Bolívar Fernandez, Tim Chapman, Maia Chochua, Jon Everest, Mohammad Farajiha, Rasim Gjoka, Ali Gohar, Matti Joutsen, Kittipong Kittayarak, Marian Liebmann, Ian Marder, Anna Matczak, Don John Omale, Marilou Reeve, Fernanda Fonseca Rosenblatt, Wanchai Roujanavong, Phiset Sa-ardyen, Brian Steels, Stephan Terblanche, Ramkanta Tiwari, Edit Törzs, Jutharat Ua-amnoey, Howard Varney, Sittisak Wanachagit, Hiroyuki Watanabe and Annemieke Wolthuis.

또 다음의 UNODC의 직원이 핸드북 개발에 기여하였다. Sophie Dowsett, Anika Holterhof, Valérie Lebaux and Sonya Rahaman.

또한 UNODC은 핸드북 개발과 개정작업을 지원해 준 태국 정부에도 감사를 전한다.

끝으로 이 책의 한국 번역본을 위해 회복적 사법 연구회RJ FORUM 회원인 다음의 분들이 수고하여 주셨다. 김재희Zaehee Kim, 김영식Youngshik Kim, 나영민Youngmin Na, 조현지CHO Hyunji, 조미선Misun Cho, 강지명Jeemyoung Kang, 안성훈Sunghoon An.

Contents

머리말

회복적 사법은 범죄 행위에 대하여 탄력적이고 참여적이며 문제해결을 위한 대응방법으로서, 기존 사법 체계를 보완하거나 대안적 경로를 제공할 수 있다. 이는 전환적 사법transitional justice 맥락 속에서, 특히 범죄 피해자와 사회적 취약 · 소외계층의 사람들에게 사법에 대한 접근성access을 향상시켜 줄 수 있다.

회복적 사법은 모든 사람들에게 사법에 대한 접근 기회를 확대시킨다. 또한 사법절차의 모든 단계에서 효과적이면서도 책임성을 확보한 포괄적인 제도 구축을 가능하게 하는 이른바 지속적 발전 목표SDG, Sustainable Development Goal 성취에 기여하는 놀라운 잠재력을 가지고 있다.

이 핸드북은 유엔 마약범죄사무소UNODC, United Nations Office on Drugs and Crime에서 개발한 형사 사법 핸드북 시리즈의 일부로, 법률 및 형사 사법 개혁을 추진하고 있는 국가들을 지원하기 위해 제공되었다. 이 핸드북의 목적은 회복적 사법의 개념, 가치 및 기본원리에 대한 개요와 회복적 사법 프로그램 및 과정에 대한 실질적인 지침을 제시하는 데 있다.

이 핸드북은 정책 입안자, 입법자, 형사 사법 전문가, 공동체 집단, 회복적 사법 실무자, 시민사회 구성원 및 기타 개인들, 형사 사법 개혁 분야에서 활동하는 단체를 포함한 형사 사법 시스템 안의 모든 실무자들이 다양한 상황에서 참고 자료나 교육 도구로 활용할 수 있도록 설계되었다. 또한 유엔 마약범죄사무소가 회복적 사법 서비스 구현의 역량을 강화하기 위하여 개발한 회복적 사법에 대한 교육 과정과 함께 사용하도록 고안되었다.

핸드북에서 다루는 내용

이 핸드북의 주요 목표는 명확하고 간결한 방식으로 회복적 사법 프로그램의 장점과 그 설계 및 적용 사례를 효과적으로 소개하는 것이다. 이 핸드북은 회복적 사법 프로그램에 관한 광범위한 이슈들을 다루고 있다. 예컨대 적용 가능한 표준안, 다양한 유형의 프로그램, 프로그램 설계 및 적용상 문제점, 회복적 사법 개입의 역동적 관계, 프로그램 개발 및 운영과 지역사회 자원의 동원, 프로그램 모니터링 및 평가들이 그것이다. 다양하고 복합적인 사회 · 문화 · 사법적 상황에서 새로운 프로그램 개발에 유용한 정보와 사례를 제시하는 데 중점을 두고 있다.

이 핸드북은 8개의 장으로 나뉜다.

제1장은 회복적 사법과 그 근본 원리, 목표 및 장점에 대해 간략히 소개한다. 회복적 사법의 개념에 대한 여러 접근방식을 인정하면서 이 핸드북의 목적을 위해 어떻게 정의하고 있는지 명확하게 밝히고 있다.

제2장은 유엔의 형사 사법에 회복적 사법 프로그램 사용을 위한 기본원칙(이하, 기본 원칙이라 함)과 특정 상황에서 회복적 사법의 사용과 관련된 기타 국제 기준을 소개한다. 또한 회복적 사법 프로그램의 개발과 운영을 위해 마련된 지침의 사례도 제공한다.

제3장에서는 피해자 · 가해자 조정 프로그램, 그룹 회합group conferencing, 서클 진행 및 지역사회 패널 또는 위원회가 포함된 가장 일반적인 유형의 회복적 사법 프로그램의 개요를 소개한다. 이는 회복적 사법과 관습적이고 전통적인 사법 포럼 사이의 관계를 다루고, 전환적 사법 상황에서 회복적 사법의 적용에 대해 이야기한다.

제4장은 회복적 사법이 어떻게 기존의 형사 사법의 대안으로서 사용될 수 있을 뿐만 아니라, 모든 형사 사법의 단계에서 보완적으로 적용될 수 있는지에 대하여 설명하고 있다. 다이버전diversion과 같은 재판 전 검찰 단계, 재판 및 선고 단계, 구금형을 대체하거나 일부 또는 추가적 방식의 비구금형 선고, 교도소 구금 단계 그리고 수형자의 석방 후 재사회화 과정 단계 등이 이에 해당된다.

제5장에서는 회복적 사법 프로그램의 성공적인 운영을 좌우하는 주요 요인과 관련된 몇 가지 교훈을 서술하고 있다. 그 중 핵심은 피해자와 다른 참가자의 안전이 보장된 참여, 적절한 프로그램에의 회부 및 회복적 옵션에 대한 인식 향상, 참가자의 적절한 준비, 진행과정에서의 원활한 소통, 효과적 프로그램 지원 및 지역사회의 적극적 참여이다.

제6장에서는 중범죄serious crime에 대한 회복적 사법 대응의 적용 문제를 다룬다. 피해자의 안전과 복지에 대한 우려가 수반되는 중범죄의 경우 회복적 사법 적용에 따른 공통의 우려를 어떻게 해소할 것인가에 대해 논의한다. 또한 가정 폭력, 연인 폭력, 아동 폭력, 성폭력 및 증오 범죄와 같은 특정 범죄에 대한 회복적 사법의 적용 문제도 검토한다.

제7장은 회복적 사법 프로그램을 정착시키기 위한 전략적 접근법을 제안한다. 이는 회복적 사법 프로그램을 지속적이고 효과적으로 실행하기 위해 필요한 핵심요소를 다룬다. 여기에서는 프로그램의 법제화와 더불어 리더십의 필요성, 프로그램의 조직과 구조에 대한 규정, 형사 사법 기관으로부터의 지지 확보, 지역사회 자원의 발굴과 동원, 지역사회와 공존하는 사법 시스템의 장점 구축, 그리고 치밀한 계획 수립과 실행 과정에서의 면밀한 모니터링 등이 포함된다.

제8장에서는 프로그램 검증, 모니터링(관찰), 평가 과정의 필요성을 강조하면서 회복적 정의 프로그램을 평가하고 그 영향을 측정하여 모범 사례에 관한 정보를 전파하는 것의 중요성을 논의한다.

1. 회복적 사법과 형사 사법절차

회복적 사법 프로그램은 범죄에 가담하거나 그로부터 피해를 입은 당사자들이 그 피해를 회복하는 데 적극적으로 참여하고, 범죄로부터 초래된 고통을 완화시키며 재발 방지를 위해 노력해야 한다는 믿음에 기초한다. 이 접근법은 관용과 포용성을 확대하고 진실을 밝히며, 갈등에 대한 평화로운 의사표현과 해결을 촉진하는 한편, 다양성을 존중하고 지역사회의 책임 있는 실천의지를 북돋는 방법으로 볼 수도 있다.

회복적 사법은 현대 형사 사법제도가 발달하기 이전, 대부분의 사회에서 그 역사적 뿌리를 찾을 수 있을 만큼 낯설지 않은 접근방식이다. 이는 회복적 사법이 오랜 기간 전통적이고 관습적인 형태로 사법절차와 갈등해결에 적용되어 왔으며, 특히 복합적인 사회에서 요구되는 매우 폭넓은 스펙트럼을 바탕으로 다양한 이해관계에 널리 확장될 수 있음을 시사한다.

회복적 사법을 활용하는 사례의 하나로, 대화와 지역사회 참여 메커니즘community participation mechanisms을 이용하여 사회적 갈등을 해결하고 통제하려는 방식에 점점 더 많은 사람들이 관심을 갖고 있다.[1]

새롭고 안정된 방식의 회복적 사법은 범죄행위로 인한 지역사회의 피해와 갈등을 낮추는 반가운 해결책을 제공한다. 일정한 경우에는 지역 사회 구성원들을 포함하여, 범죄에 직접적으로 관여되거나 영향을 받은 사람들이 참여하게 된다. 이러한 절차는 각 당사자들이 자발적으로 참여할 수 있고, 공동의 이해와 합의에 도달하기 위한 대화에 참여할 수 있는 기회가 보장될 때에 활용될 수 있다.

이 안내서에서 회복적 사법 프로그램은 형사 문제와 관련된 이슈에 중점을 두고 있지만 가족, 학교, 이웃, 스포츠, 직장, 교도소 심지어 경찰의 진정사건 처리 과정 등 다양한 사회적 관계와 조건 속에서 갈등과 피해를 해결하고 처리하는 데 회복적 절차가 성공적으로 이용되고 있다는 사실을 기억해야 한다.

1.1 회복적 사법이란 무엇인가?

회복적 사법은 가해자, 피해자, 지역공동체가 참여하여 사법의 정의를 실현하기 위한 대안적 경로alternative pathway를 제안하는 접근방식이다. 이 방식은 피해자에게 문제해결절차에 안전하게 참여할 수 있도록 보장해주고, 가해자로 하여금 자신의 행위로 인해 발생한 피해와 그에 대한 책임을 인정하는 사람들이

---

[1] 제13차 유엔 범죄 예방 및 형사 사법에 관한 회의, 도하선언(Doha Declaration)은 사회 경제적 과제를 해결하고 국내외 차원의 법치주의를 증진하며, 국민참여를 위해 범죄 예방 및 형사 사법을 보다 넓은 유엔 의제로 통합하는 것이다. Doha, Qatar, 12 – 19 April 2015 (see A/CONF.222/L.6), para. 10.

피해를 입은 이들에게 책임 있는 태도를 가질 수 있는 기회를 마련해 준다. 범죄행위란 단순히 법률 위반이 아니라 피해자와 공동체에 악영향을 끼친다는 인식에 기초하고 있다.

이 핸드북은 회복적 사법에 대한 다양한 정의를 제공한다. 이는 회복적 사법에 접근하는 방식이 다양하고 진화하는 특성에 기인한다. 절차 참여를 중시하면서 대화를 통한 만남과 적극적인 참여를 강조하는 관점이 있고, 손해배상, 피해자 회복, 가해자의 재사회화 같은 회복적 결과에 집중하는 측면도 있다. 하지만 회복적 사법을 규정하는 대부분의 정의는 아래 요소들을 공통으로 하고 있다.

- 범죄 행위로 인한 피해에 초점
- 범죄로 가장 큰 피해를 받은 사람들, 즉 피해자와 가해자 그리고 일정한 조건에 따라 그들의 후원자 또는 가족구성원, 이익공동체 및 관련 전문가 집단의 자발적인 참여
- 당사자들의 준비와 훈련된 회복적 사법 실무자들에 의한 절차 진행
- 범죄 발생과 그 결과에 대해 서로 이해하고, 문제 해결을 위한 합의에 도달하고자하기 위하여 주고받는 당사자들 간의 대화
- 가해자의 회한, 책임의 인정 그리고 피해자와 지역사회를 위해 일부 배상조치를 취하겠다는 약속 등을 포함하는 회복적 절차로 인한 다양한 결과
- 피해자에게는 피해복구를 위한 도움의 손길을 주고 가해자에게는 재사회화와 재범 방지를 위해 지원

범죄 피해자

회복적 사법 프로그램은 피해자들의 참여를 권장한다. 여기에서는 회복적 사법 과정을 정의하기 위해 먼저 "피해자"에 대한 조작적 정의operationalization가 필요하다. 1985년 '범죄와 권력 남용 피해자를 위한 사법의 기본원칙 선언'에 의하면 피해자는 "회원국 내에서 권력 남용의 범죄적 이용을 금하는 법률은 물론 형사법 위반에 해당하는 행동 또는 부작위omission 등을 포함하고, 개인적이든 집단적이든 신체적ㆍ정신적 상해, 정서적 고통, 경제적 손실 또는 그들의 기본적 권리의 상당한 손상 등 피해를 입은 사람들이다."[a] 또한 이 선언에서 "피해자" 개념은 피해자의 직계 또는 부양가족 그리고 고통 받는 피해자를 돕거나 피해자화 되는 것을 막기 위해 도움을 주다 피해를 입은 사람들까지 모두 포함한다.

[a]   United Nations Declaration of Basic Principles of Justice for Victims of Crime and Abuse of Power, General Assembly resolution 40/34 of 29 November 1985, art. 1.

이 핸드북에서 "회복적 사법 프로그램"이라는 용어는 '회복적 절차를 사용하여 회복적 결과 달성을 추구한다는' 기본 원칙에서 찾을 수 있는 넓은 개념으로 사용된다.[2]

위 정의에서 눈여겨 볼 대목은, 참여적 과정(절차)을 "피해자와 가해자 그리고 적절한 경우 범죄 피해를 입은 모든 개인 또는 지역사회 구성원들이 회복적 사법 전문진행자의 도움을 받아 범죄로부터 발생된 문제들의 해

---

[2]   Economic and Social Council resolution 2002/12 of 24 July 2002, annex, para. 1.

결 절차에 적극적으로 참여하도록 독려하는 과정"으로 규정하고 있다는 점이다.[3] 이 과정에 참여하는 개인을 "당사자parties"라고 명명한다. 이러한 참여 과정은 여러 종류의 기술과 대화 형태에 따라 구체적인 방식들로 구분된다. 그 과정은 각기 다른 기법과 대화의 유형에 기초하여 여러 형태를 취한다. 예를 들어 유럽에서 그 과정은 법적 판결과 구별되는 "조정mediation"[4]으로 더 많이 알려져 있다. 다른 지역(곳)에서는 이를 "회합conferencing", "대화dialogue", "원로회의 판결circle sentencing" 또는 "화해peacemaking"라고 지칭되기도 한다.

이 '기본원칙'에 의하면, 회복적 결과는 "개인적 또는 집단적 필요와 책임을 충족하고, 피해자와 가해자의 재통합을 달성하기 위한 회복적 절차의 결과로 도출된 합의"이다.[5] 일반적으로 회복적 결과에는 시정 redress, 보상compensation 또는 배상reparation이 포함되어야 한다고 생각하지만 반드시 그렇지는 않다.

회복적 사법의 결과와 연관된 개념으로 물질적 보상(가령, 금전보상)과 상징적 형태의 배상을 구분하기도 한다.[6] 상징적 형태의 배상symbolic forms of reparation이란 사실 확인verification of facts, 사죄 및 공식 사과, 위해행위 the harm done에 대한 공식 인정, 예방 조치에 대한 만족, 추모식, 재범 방지 약속, 공동체 또는 자선단체를 통한 자발적인 봉사활동 등을 의미한다. 회복적 사법절차에 따른 결과는 간혹 두 가지 형태의 보상을 포함한다. 가해자들, 그 중에서도 특히 소년범의 경우 경제적 보상을 해줄 능력이 거의 없지만 사과, 책임의 인정, 사회봉사, 범죄를 반복하지 않겠다는 약속과 같은 태도를 취하는 것으로 정의가 실현되고 치유가 이뤄지며 고통이 끝났다는 느낌을 준다.[7] 더불어 피해자 또는 공동체에 유익한 역할을 수행하게 되며 이러한 일련의 절차를 거치는 과정에서 당사자들 사이에 화해가 이루어지기도 한다.

1.2 회복적 사법의 목표

회복적 사법 실무자들은 범죄에 대한 대응방식을 "회복적"으로 전환하는 것은 특정한 관행이나 과정에 국한되지 않는다고 생각한다. 그보다 범죄 행위와 그 결과에 대응하는 당사자들의 참여를 이끌어내기 위한 공통된 근거를 제공하며 이와 같은 포괄적 가치를 준수한다는 측면에 주목하는 경향이 있다.[8] 이러한 가치에는 참여자의 진실성, 공정성, 신체적·정서적 안전, 참여자의 참석, 권한 부여, 피해자와 가해자 권리에 대한 보호, 배상, 연대, 참가자에 대한 존경과 존엄, 절차와 결과의 자발성과 투명성 등이 모두 포함된다.

3　Economic and Social Council resolution 2002/12 of 24 July 2002, annex, para. 2.

4　참조. Council of Europe (2018), Recommendation CM/Rec(2018)8 concerning restorative justice in criminal matters.

5　Economic and Social Council resolution 2002/12, annex, para 3.

6　예를 들어 보상을 특징으로 하는 2005년 유엔 기본 원칙 및 국제인권법의 대규모 침해 및 국제인도법상 중대한 침해의 피해자의 구제와 보상받을 권리에 관한 기본원칙과 지침(General Assembly resolution 60/147 of 16 December 2005)을 참조. 이 지침은 배상이 현실적으로 단순히 상징적 또는 실질적 배상이든 이에 맞게 실현되도록 정의하고 있음.

7　Doak, J., "Honing the Stone: Refining restorative justice as a vehicle for emotional redress", *Contemporary Justice Review*, 14(4), pp. 439–456.

8　예를 들어, Chapman, T. and Törzs, E. (Eds.) (2018), *Connecting People to Restore Just Relations: Practice guide on values and standards for restorative justice practices*, Leuven: European Forum for Restorative Justice:

　www.euforumrj.org/sites/default/files/2019-11/efrj-values-and-standards-manual-to-print-24pp.pdf.

회복적 사법의 실현을 이끄는 가치

배상Reparation 먼저 범죄로 인한 신체적, 정서적, 금전적 가해를 인정하고, 이를 회복하고 피해를 입은 사람들의 요구를 충족시키는 데 초점을 맞추어라.

존중Respect: 모든 참가자를 존엄성, 연민compassion, 동등한 배려로 대하라.

자발성Voluntariness: 피해자, 가해자, 지역사회 구성원의 참여가 자발적이어야 하고, 자유로운 사전동의를 기반으로 하도록 하여라.

포용Inclusion: 피해자, 가해자, 친구, 가족, 지역사회를 포함한 당사자들의 의미 있는 참여가 가능하도록 여건을 조성하고 지원하라.

권한 부여 Empowerment: 참가자들이 공개적으로 진실한 의사소통을 할 수 있게 돕고, 스스로에게 필요한 요구를 어떻게 충족시킬 것인가를 결정하는 과정에 적극적인 역할을 하도록 지원하라.

안전Safety: 모든 참가자들이 신체적, 정서적, 문화적, 정신적 안전과 편안함을 느끼고 있는지 주의를 기울여라. 회복적 사법절차에의 참여가 다른 참가자들에게 추가적인 피해를 야기해서는 안 된다.

책임Accontability: 가해 행위에 대한 자신의 잘못을 명확하게 인식하고 피해 회복과 적절한 보상에 대한 책임을 부담하도록 지원하라.

변화Transformation: 이해, 치유, 변화의 기회를 제공하고, 피해자와 가해자의 회복과 재통합에 기여하라.

출처: Department of Justice Canada (2018), *Principles and Guidelines for Restorative Justice Practice in Criminal Matters*, Ottawa: Justice Canada.

회복적 사법 프로그램의 목표는 여러 형태로 규정할 수 있지만 본질적으로 아래와 같은 핵심 요소를 내포한다.

(a)   피해자들이 목소리를 높일 수 있게 지원하고, 그들의 이야기에 귀 기울이면서 그들의 요구와 희망을 표현할 수 있게 격려하며, 그들의 질문에 답해주고 피해 해결과정에 참여할 수 있도록 도움을 제공한다.

지난 20여 년 동안 형사 사법체계는 피해자의 필요와 이익(예: 정보의 필요성, 참여, 표현, 공감, 배상, 자기통제와 안정감의 회복을 통한 권한 부여)에 보다 직접적인 관심을 보여 왔다. 범죄피해자 및 권력남용피해자에 관한 사법의 기본원칙 선언에는 "피해자에 대한 화해와 배상이 용이하게 이루어지도록 조정, 중재, 관습적 사법 또는 토착적 관행을 모두 포함하는 분쟁 해결을 위한 비공식적 메커니즘을 활용해야 한다."고 명시되어 있다.[9] 따라서 회복적 사법과정은 피해자에게 가장 중요하고 절실한 요구사항을 해결하는 데 더할 나위 없는 최적의 방식이다. 이 접근방식은 피해자들의 의견과 이익이 존중되는 과정, 즉 회복적 사법절차의 참여를 통해 적절한 대우를 받으면서 배상과 보상이 이루어지기를 원하는 일련의 과정을 도와줄 수 있다. 피해자는 이러한 과정에 참여하면서 얻을 수 있는 결과가 무엇인지 그리고 피해의 고통을 끝내기 위해 한걸음 더 나아갈 것인지를 결정할 권리를 가지게 된다.[10]

---

9   General Assembly resolution 40/34 of 29 November 1985, para. 7.

10   Bolitho, J. (2015), "Putting justice needs first: A case study of best practice in restorative justice", *Restorative Justice: An International Journal*, 3(2), pp. 256 – 281; Bolívar, D. (2019), *Restoring Harm: a psychosocial approach to victims and restorative justice*, Abingdon Oxon: Routledge; Hallam, M. (2014), *Restoring the Balance: An Evaluation of the Project conducted through interviews with victims, offenders and those making referrals to the service*, London: Victim Support (Thames Valley Area).

(b) 어떻게 해야 범죄 피해에 가장 적절히 대응할 수 있는지에 대한 합의를 통해, 부분적이지만 범죄로 인해 손상된 인간관계 회복

회복적 사법의 주요 특징은 가해자와 범죄행위보다 그 이상의 것에 초점을 맞추는 특별한 대응방식에 있다. 중재, 분쟁해결, 관계 개선, 나아가 화해까지도 정의를 실현하고 피해자와 가해자를 지원하는 중요한 방법으로 인식하며 이를 통해 공동체가 더 큰 공동의 안전을 보장할 수 있도록 노력한다. 이런 방식은 범죄의 근본적인 원인을 파악하고 범죄예방 계획을 수립하는 데 도움을 준다.

(c) 공동체 가치의 재확인 및 범죄행위 비난

범죄행위를 비난하는 것이 수세기 동안 형사법의 기본적 목표였던 것처럼 회복적 사법절차의 목적 또한 동일하다. 그러나 행위에 대한 비난 방법은 전혀 다르다. 사회적 가치는 각종 규칙을 아우르는 동시에 각 범죄의 개별적 상황, 피해자 및 가해자 등이 처한 입장을 고려하여 보다 유연한 방식으로 다시 조명한다. 비난 또한 적절한 절차에 따라 이루어져야 하며 단지 비난을 위한 사법적 개입이 유일한 초점이 되어서는 안 된다. 비난이 어떻게 비춰지는지 그리고 회복적 과정에서 어떻게 이루어지는지는 매우 다양한 양태로 나타나고 있지만 비난은 사법절차에 있어 여전히 필수적인 부분이다.

(d) 모든 관련 당사자들에게 부여되는 책임, 특히 가해자에 대한 책임 강화

가해자들은 회복적 절차를 통해 그들의 행동과 그 결과에 대한 책임을 구체적 방식으로 부담할 수 있게 된다. 법적인 유·무죄를 결정하고 입증하는 과정을 중시하는 형사절차와 달리 회복적 사법절차는 이미 발생한 피해에 대한 책임을 인식하고 이를 어떻게 회복시킬 것인지, 더 나아가 다시는 재발하지 않도록 어떻게 노력해야 할 것인지에 집중하고 있다. 범죄 또는 범죄를 발생시키는 상황에 관여한 모든 당사자들이 그 정도에 따라 적정한 책임을 질 수 있게 한다. 책임의 인식이 어떻게 행동으로 연결될 것인가에 관한 사항은 회복적 사법절차를 통해서 결정될 수 있고, 몇몇의 일반적인 법률 규칙을 기계적으로 적용되어서 결정될 수는 없다. 회복적 절차에 따른 최상의 결과는 가해자에게 피해 발생에 대한 책임을 부담하게 하고 공동체와의 관계 형성을 통해 행위에 대한 인식과 감정의 변화 및 개선을 경험하게 하는 것이다.

(e) 회복적이고 미래지향적인 결과에 대한 확인

회복적 접근법은 규칙을 위반한 행위에 대응하는 처벌 자체보다 피해자와 공동체에 가해진 행동으로 발생한 충격에 중점을 두고 있다. 이는 처벌의 형태로 지나치게 '구금'에 의존하는 부작용을 해소하는 데 도움을 주지만 회복적 사법절차가 반드시 모든 형태의 처벌수단(예를 들면 벌금, 보호관찰 또는 구금)을 배제하는 것은 아니다. 그보다 미래에 발생할 범죄피해를 줄이기 위해 회복적이고 미래지향적인 결과를 도출하는 것에 그 목적이 있음을 분명히 하고 있다. 그래서 회복적 사법과정은 다른 형태의 개입(예: 약물 치료, 정신과 치료 및 관찰)과 병행하여 적용되기도 한다.

(f) 가해자를 변화시키고 지역사회로 재통합하도록 격려하여 재범 방지

회복적 사법절차는 가해자가 이미 저지른 범죄 피해에 가장 집중하고 있지만 범죄자의 미래의 행동에

대해서도 마찬가지이다. 피해자와 공동체는 가해자가 후회를 경험하면서 피해를 회복하고, 향후 같은 행위를 하지 않을 거라는 다짐을 거쳐 변화되기를 기대한다. 가해자의 '다짐'은 자신의 미래 행동과 밀접한 관련이 있기 때문에 일반적으로 화해 조정 또는 다른 회복적 절차로 마련된 합의사항에 있어 필수 구성요소가 된다. 회복적 절차를 통해 가해자를 변화시키거나 "개혁"하는 것은 그 과정 자체가 합법적이고 중요한 목적이 되며 재범 방지에 기여할 수 있다. 가해자들이 그들의 행동으로 발생한 결과에 대한 책임을 인식하고 온전히 받아들여야 한다는 주장은 명백히 가해자들의 향후 행동에 영향을 미치기 위함이다. 이 과정에서 가해자 가족과 다른 지원자들, 공동체와 법정기관은 해야 할 역할을 수행한다.

1.3 회복적 사법의 이점

회복적 사법 프로그램에 대한 엄격한 평가는 현재까지 거의 이루어지지 않았다. 다만 일부 연구결과에 따르면 형사 사법시스템의 모든 단계에 걸쳐, 갈등을 효과적으로 해결하는 역할에서 기존 표준 사법절차보다 더 큰 잠재력을 보이고 있고, 가해자에게 스스로 책임을 부담하게 하고 피해자의 요구를 충족시키는 효과적인 접근법임을 시사하고 있다.[11]

다음은 회복적 사법 프로그램의 실행으로 도출된 몇 가지 일반적인 연구결과이다.

- 회복적 사법은 재범의 빈도와 심각성을 줄이는 데 긍정적인 효과가 있다.[12]
- 회복적 사법 접근법은 특히 범죄의 실행의지를 단념하게 해주고 광범위한 교정교화 체계에서 재범 감소에 용이한 장점이 있다.
- 회복적 사법 프로그램은 특히 고위험 및 중대범죄자를 대상으로 할 때 더욱 효과적이다.
- 피해자−가해자 조정 및 회의에서의 성공적인 해결과 회복적 결과는 경제 범죄와 폭력 범죄, 성인 및 소년 범죄자, 그리고 가해자와 피해자 간 안면이 있거나 없는 관계에서 모두 도출될 수 있다.
- 다른 고려사항이 없는 경우 회복적 절차에 회부할 수 있는 가해 유형에는 본질적인 제한이 없다.
- 범죄 피해자와 가해자들은 기회가 주어진다면 기꺼이 회복적 절차에 참여할 것이다. 그런 선택이 가능하다는 사실을 알려줘야 한다.[13]

---

11 Strang, H. and Sherman, L.W. (2015), "The Morality of Evidence", *Restorative Justice*, 3(1), pp. 6 – 27; Miers, D. (2001), *An International Review of Restorative Justice*, London: Home Office, p. 85. See also: McCold, P. (2003), "A Survey of Assessment Research on Mediation and Conferencing", in Walgrave, L. (ed.) *Repositioning Restorative Justice*, Devon (United Kingdom): Willan Publishing, pp. 67 – 120.

12 Sherman, L., Strang, H., Mayo−Wilson, E., Woods, D. and Ariel, B. (2015), "Are Restorative Justice Confer− ences Effective in Reducing Repeat Offending?", *Journal of Quantitative Criminology*, 31(1), pp. 1 – 24; Umbreit, M.S., Coates, R.B. and Vos, B. (2008), "Victim−Offender Mediation: An evolving evidence−based practice", in Sullivan, D. and Taft, L. (eds.), *Handbook of Restorative Justice*, Abingdon, Oxon: Routledge, pp. 52 – 62; Shapland, J., Robinson, G. and Sorsby, A. (2011), *Restorative Justice in Practice: Evaluating what works for victims and offenders*, Abingdon, Oxon: Routledge; Strang, H., Sherman, L.W., Mayo−Wilson, E., Woods, D. and Ariel, B. (2013), *Restora- tive Justice Conferencing (RJC) Using Face-to-Face Meetings of Offenders and Victims: Effects on Offender Recidivism and Victim Satisfaction*. A systematic review, Oslo: The Campbell Collaboration.

13 Van Camp, T. and Wemmers, J.−A. (2016), "Victims' Reflections on the Protective and Proactive Approaches to the Offer of Restorative Justice: The Importance of Information", *Canadian Journal of Criminology and Criminal Justice*, 58 (3), pp. 415 – 442; Pelikan, C. (2010), "On the Efficacy of Victim−offender Mediation in Cases of Partner− ship Violence in Austria, or Men Don't Get Better but Women Get Stronger: Is it still true? Outcomes of an Empirical Study", *European Journal of Criminal Policy Research*, 16 (1), pp. 49 – 67.

- 범죄 피해자와 가해자가 회복적 사법과정에 참여하는 비율은 범죄의 유형, 회부절차의 특징, 가해자와 피해자의 개별적 속성 및 피해자, 가해자 관계의 성격에 따라 달라진다.[14]
- 공동체는 범죄 피해자를 위한 가해자의 배상과 함께 회복적 사법에 접근하도록 높은 수준의 지원을 할 수 있다. 회복적 사법 프로그램의 효과를 입증하게 되면, 정의실현을 위해 보다 건설적이고 효과적이며 호응적인 접근방법을 도입할 수 있다.[15]
- 많은 범죄 피해자들은 안전한 환경에서 가해자를 만날 수 있는 기회를 원한다. 회복적 사법과정은 피해자의 정서적 충격을 완화하고 외상 후 스트레스 장애를 감소시킬 수 있다.[16]
- 범죄 피해자와 가해자 모두 회복적 사법절차를 기존의 형사 사법제도보다 공정하고 만족스럽다고 평가한다. 몇몇 연구에서는 범죄 피해자와 가해자 모두 회복적 절차에 대한 만족도가 매우 높다고 보고하기도 한다.[17]
- 회복적 사법과정은 공동체의 참여도를 높이고 공동체 구성원들이 범죄 및 사회 문제를 해결하기 위한 과정에 적극적으로 참여하도록 도움을 준다.
- 적절한 교육을 받은 공동체 자원봉사자는 형사 사법 전문가만큼 회복적 절차를 추진하는 데 효과적일 수 있다.[18]
- 기관과 회복적 프로그램이 공동으로 협력할 때 회복적 사법과정의 효율성이 증대된다.
- 회복적 사법절차는 시의적절하게 완료될 수 있도록 노력해야 한다.
- 회복적 프로그램은 형사 사법 비용과 행정력 낭비를 줄이고 당사자들의 만족도를 향상시킬 수 있는 잠재력이 있다.

회복적 사법 프로그램의 잠재적 이점

회복적 사법 프로그램은 다음 사항을 실현할 수 있다.

- 범죄 피해자 및 가해자가 사법절차에 더욱 광범위하고 시기적절한 접근
- 피해자가 직접 말하고 들을 수 있고, 가해자의 사정을 이해할 수 있는 기회의 제공
- 피해자와 지역사회가 필요한 답변을 들을 수 있는 알 권리와 진실에 대한 권리제공

---

14 Bolívar, D., Aertsen, I. and Vanfraechem, I. (eds.) (2015), *Victims and Restorative Justice: An empirical study of the needs, experiences and position of victims within restorative justice practices, Leuven*: European Forum for Restora- tive Justice.

15 Paul, G.D. and Swan, E.C. (2018), "Receptivity to Restorative Justice: A survey of goal importance, process effectiveness, and support for victim-offender conferencing", *Conflict Resolution Quarterly*, 36(2), pp. 145 – 162.

16 Bolitho, J. (2017), "Inside the Restorative Justice Black Box: The role of memory reconsolidation in trans- forming the emotional impact of violent crime on victims", *International Review of Victimology*, 23(3), pp. 233 – 255; Sherman, L., et al. (2015), "Twelve Experiments in Restorative Justice: the Jerry Lee program of randomized trials of restorative justice conferences", *Journal of Experimental Criminology*, 11(4), pp. 501 – 540.

17 Shapland, et al. (2011), Restorative Justice in Practice; Ministry of Justice of New Zealand (2016), *Restorative Justice Victim Satisfaction Survey: Research report*, Wellington (New Zealand): Ministry of Justice; Van Camp, T. and Wemmers, J.-A. (2013), "Victim Satisfaction with Restorative Justice: More than procedural justice", *International Review of Victimology*, 19(2), pp. 117 – 143. See also: Bolívar, et al. (eds.) (2015), *Victims and Restorative Justice*; Hansen, T. and Umbreit, M. (2018), "Four Decades of Victim-offender Mediation Research and Practice: The evidence", *Conflict Resolution Quarterly*, 36(2), pp. 99 – 113.

18 Hipple, N. and McGarrell, E. (2008), "Comparing Police- and Civilian-run Family Group Conferences", Policing: *An International Journal of Police Strategies & Management*, 31(4), pp. 553 – 577.

- 피해자에게 물질적, 상징적 배상 기회 제공
- 피해자의 회복을 촉진하고 정서적, 정신적 충격을 완화시키는 효과
- 형사 절차에 적용 가능한 대안 제공
- 특히 교정교화적 프로그램 의 일환으로 활용할 경우 재범의 빈도와 심각성 감소
- 범죄자 낙인을 제거하고 효과적인 사회복귀에 기여
- 자신이 소속하고 있는 공동체의 형사 사법체계에 대한 대중의 참여와 대중의 신뢰 향상
- 공동체의 사법절차 참여 증대
- 보다 효과적인 지역사회 범죄예방 정책 유도
- 경찰-공동체의 관계 개선
- 형사 사법제도 전반에 걸친 비용 및 지연 감소

1.4 회복적 사법에 관한 국제적 기준 및 규범

2002년 유엔 경제사회이사회는 회복적 사법 프로그램을 개발하고 시행하는 데 있어 회원국들에게 통일된 지침을 제공하기 위해 기본원칙Basic Principles을 채택하였다. 이는 형사문제에 회복적 사법 프로그램 도입을 주창한 최초의 유엔 기구였다. 이 기본원칙은 의무를 강제하거나 규범력있는 문서가 아니라 각 회원국별로 확립된 국가 관행과 법적, 사회적, 문화적, 경제적 체계에서 회복적 사법에 관한 규칙을 채택하고 표준화 하도록 장려하고자 개발되었다.[19] 이에 따라 기본원칙은 회복적 사법의 발전과 연관된 국회의원, 정책입안자, 지역사회 조직 및 형사 사법 공무원들에게 회복적 사법의 사용과 실행에 대한 중요한 지침과 회복적 사법의 적절한 사용을 보장하기 위한 근본적 보호장치를 제공한다.

기본원칙은 제2장에서 다루어지며 핸드북 부록에 수록되어 있다. 또한 제2장에서는 특정한 맥락에서 회복적 사법의 활용을 다루고 있는 범죄의 사전 예방과 형사 사법에 관한 유엔 표준 및 규범을 검토할 것이다.

1.5 입법 체계Legislative framework

기본원칙 제12항은 회복적 사법절차에서 일정 조건에 따라 당사자에게 일정한 기준(또는 표준)과 법적 안전장치를 의무적으로 제공하기 위해, 필요한 경우 입법 조치도 취할 수 있다는 점을 상기시키고 있다.

실제로 회복적 사법과정의 법적 지위나 기반은 국가별로 상당한 차이를 보이는데 일부 국가에서는 회복적 사법절차가 법률에 명시되어 있기도 하지만 공식적인 법적 지위를 보장하지 않는 국가도 있다. 물론 관련 법률의 부재가 반드시 회복적 사법 프로그램의 시행에 장애로 작용하는 것은 아니다. 이미 세계 여러 국가에서 별도의 입법 지원이 없어도 성공적으로 정착하고 있다는 사실이 이를 증명한다.

---

19   E/CN. 15/2002/5/Add. 1. para. 28.

예를 들어 남아프리카 공화국은 회복적 사법에 힘을 실어주는 구체적인 입법 없이 이 프로그램을 시작했다. 법률로 규정하지 않았으나 검찰의 재량권을 통해 '다이버전diversion'이 이루어진 것이다. 검찰 당국과 비 정부기구의 파트너쉽으로 운영하는 프로그램을 개발했고, 이를 지원할 양형 절차는 선고유예, 집행정지, 공동체 활동에 기초한 판결의 선고 등을 허용했으며 이로 인해 회복적 사법을 판결로 구체화할 수 있는 여지가 생겼다.

하지만 법률체계는 새로운 회복적 사법 프로그램을 개발하는 데 있어 필수적인 자산이며 이를 통해 정당성을 강화 할 수 있다.[20] 특히 새로운 정책이 특정 범주의 범죄자(가령 청소년), 특정 유형의 범죄(가령 불법 어획행위)에 대응하거나, 새로운 대안(가령 다이버젼의 실행)을 정책화하는 것을 목적으로 하는 경우에는, 새로운 법률체계가 필요하다. 멕시코에서는 2016년 청소년 형사 사법 총괄법Ley Nacional del Sistema Integral de Justicia Penal para Adolescentes을 채택하여 청소년을 위한 포괄적인 사법체계를 공식적으로 확립하고 기존 형사절차의 대안으로 회복적 사법을 사용하기 위한 틀을 마련했다. 미국 조지아 주의 청소년 사법 규정(2018)에는 특히 청소년 범죄자들을 위한 전환 메커니즘으로써 회복적 사법의 적용 가능성을 포함하고 있다.

그러나 회복적 사법 프로그램의 바탕이 되는 견고하고 체계적인 법적 근거가 존재한다고 해서 반드시 광범위하고 효과적인 실행이 보장되는 것은 아니다. 모든 주요 이해당사자들의 적극적 동의가 없다면 그러한 정책은 현실화되기 어렵다. 제7장에서 논의하는 바와 같이 정책의 설립과 실행에 대한 치밀하고 전략적인 접근이 요구된다.

일반적으로 회복적 사법 프로그램은 기존 형사 사법제도의 틀 안에서 또는 그와 병행해서 운영해야 한다. 형사 사법제도 안에서 실질적인 역할을 감당하면서도 한편으로 형사 사법체계의 대안으로써의 역할을 수행할 수 있어야 한다. 그렇지 않으면 그 가치나 효용성이 무시되거나 충분히 활용하지 못할 수도 있다. 회복적 사법 프로그램에 관한 법률적 토대가 마련되지 않으면, 기존의 형사 사법제도 내에 수용되기 어렵게 될 것이다. 회복적 사법절차에 관한 입법은 회복적 사법절차를 자주 활용할 수 있도록 할 수 있다.

또한 회복적 사법 프로그램을 폭넓게 적용하는 데 필요한 법적 안전장치를 구비하면 형사 사법체계 속에서 더 큰 예측성과 확실성을 담보할 수 있다. 뉴질랜드, 북아일랜드, 벨기에, 핀란드, 노르웨이와 같이 회복적 프로그램을 전반적으로 운영하는 국가들은 검찰과 법원 단계에서 회복적 사법에 사건을 의무적으로 회부하도록 규정하고 있는 강력한 법률을 시행하고 있다. 그러나 단지 입법만으로는 회복적 사법의 적용을 늘리고, 접근성을 높이며, 광범위하고 효과적으로 실행하기에 부족하다.[21] 본 핸드북 7장은 적절한 입법체계를 도입하는 문제 외에도 법적 근거의 수립과 실행 전반에 대한 전략적 접근법을 심도 있게 검토할 것이다

---

20 Fellegi, B. (2003), *Meeting the Challenges of Introducing Victim-Offender Mediation in Central and Eastern Europe*, Leuven: European Forum for Victim−Offender Mediation and Restorative Justice, pp. 74‒76; Wright, M. (2015), 'Making it Happen or Letting it Happen', *Restorative Justice: An International Journal*, 3(1), pp. 119‒128.

21 Laxminarayan, M. (2014), *Accessibility and Initiation of Restorative Justice*, Leuven: European Forum for Restor−ative Justice, p. 154.

회복적 사법과 대안적 분쟁 해결방안

대안적 분쟁 해결방안과 회복적 사법의 개념은 서로 교차해서 사용되는 경향이 있다. 이 두 가지 개념을 현실에서 적용하는 과정에 이용하는 방법이 매우 흡사한 경우가 많아(대화, 조정, 화해) 정작 중요한 차이점을 간과하기도 한다. 두 개념 모두 판결adjudicative의 형식이나 대립의 형식보다는 협업하거나 합의를 기반으로 한 절차를 선호한다. 그러나 범죄는 단순히 당사자 간의 분쟁 그 이상의 의미를 가지며, 사태 해결은 물론 향후 재발 방지를 통한 공공 안전에 대한 이해관계도 있다. 따라서 회복적 사법은 갈등이나 논쟁을 해결하는 도구 이상의 가치를 지닌다. 앞서 기본원칙에서 강조했듯이 회복적 사법은 "피해자, 가해자 및 지역사회에 대한 치유를 통해 개인의 존엄과 평등을 존중하고, 상호 이해를 높여주며, 사회적 화합을 도모하는 과정으로써, 범죄에 대한 진화된 형태의 대응방법"이다.[a]

회복적 사법은 범죄 피해자들이 한 공간에 모여서 그들에게 가해진 범죄행위를 정확히 인지하고, 피해 회복을 위해 필요한 요구를 직접 설명하도록 하며, 현재 존재하고 있는 법적 의무를 확인하게 한다. 그리고 가장 최선의 방식으로 범죄 피해를 복구하고 재범을 방지하기 위한 결의를 다지는 데 필요한 핵심적 가치들이 그 방향성을 제시하고 있다.

a   Preamble, ECOSOC resolution 2002/12.

토착적이고 관습적인 사법 포럼과의 관계

회복적 사법절차와 유사한 양상은 여러 민족의 전통적인 토착문화에서 쉽게 발견되고는 한다. 범죄 문제에 관한 회복적 사법 실무는 전통 지혜와 결합하면서 긍정적인 효과를 누릴 수 있었다. 회복적 사법의 참여적 특성은 관습법과 종종 유사함에 따라 전통적 사법제도를 활용할 수 있도록 지지하고, 그 결과 고유한 자기 결정을 용이하게 할 수 있음을 시사한다.[a]

선주민indigenous peoples의 권리 증진 및 보호에 관한 사법적 접근과 관련한 연구에서 선주민의 권리에 관한 전문가적 메커니즘은 토착민의 문화적 권리를 강조하고 있다. 즉 토착적 사법제도의 실행은 물론 법적 절차와 법원 판결에서도 전통관습, 가치 및 언어에 대한 인정이 전제되어야 한다는 것이다.[b] 토착 사법제도는 이를 적용받는 선주민의 문화와 그 이상의 가치들을 밀접하게 반영한다. 그러므로 인간관계를 관장하는 관습규범과 법률은 조화로운 인간관계와 공동체를 형성하는 데 필수적인 제도로 인정된다. 많은 사례에서 관습적인 사법 메커니즘은 문화적 관련성, 유효성 및 근접성 때문에 국가적 형사시스템보다 더 접근하기 쉽다는 것을 보여준다.

공동체 기반의 비공식 시스템(또는 "비 국가사법시스템non-state justice systems"이라고도 함)은 다양한 형태가 있고 형평성과 공정성만이 아니라 정의에 대한 접근성 측면에서도 다채로운 결과를 산출할 수 있다. 관습법의 주된 목적은 일반적인 화해와 분쟁 해결을 위한 기준이면서 동시에 피해자와 가해자 간의 화해와 사회적 책임을 유지하는 데 있기 때문이다.

이러한 시스템에서 두드러지는 특징은 비공식적이고도 신중한 절차이다. 그러나 화해보다는 중재로 결과가 도출되는 경우도 많고, 그 과정에서 가해자의 참여가 반드시 필요한 것도 아니다. 하지만 대부분 선주민의 사법체계에 공동체의 치유와 화해, 가해자의 재통합을 촉진하는 원칙과 과정이 고스란히 녹아있다.[c]

특히 아프리카 국가들의 관습법은 공식 사법제도의 부족한 부분을 보충해주거나 그 효용을 강화시켜 주기도 한다. 우간다에서는 지방 법원이 법령에 의해 제도화되어 있는데 보상, 배상, 화해 또는 사과와 같은 구제책은

물론 더 강압적인 조치를 시행할 수 있는 권한을 가지고 있다.[d]

호주, 뉴질랜드, 캐나다에서는 판결 절차에 선주민이 참여하고 있다. 선주민, 기관, 노인, 가족, 친족단체 회원들이 판결과정에 참여해서 사법절차와 관련된 공무원들에게 범죄, 피해자와 가해자의 관계, 그리고 범죄자의 변화하고자 하는 의지에 대한 전반적인 정보를 제공한다. 이러한 과정을 거치면서 판결 절차는 사회문화적 정당성까지 확보할 수 있고, 선주민 공동체와 사법 공무원들 사이에는 더 큰 신뢰가 쌓이게 될 수 있다.

이러한 유사성에도 불구하고 회복적 사법 과정은 토착적이고 관습적인 전통적 사법시스템에서 유래된 관행과는 구별된다. 회복적 목표와 원칙 이를 달성하기 위한 보호장치safeguards가 항상 관습적 사법을 주도하는 것은 아니다.[e]

a   Human Rights Council, Expert Mechanism on the Rights of Indigenous Peoples, 2014.

b   Human Rights Council, Expert Mechanism on the Rights of Indigenous Peoples, 2013, para. 28.

c   Chartrand, L. and Horn, K. (2016), *A Report on the Relationships between Restorative Justice and Indigenous Legal Traditions in Canada*, Ottawa: Department of Justice Canada.

d   Stevens, J. (2000), *Access to Justice in Sub-Saharan Africa: The role of traditional and informal justice systems*, London: Penal Reform International.

e   Marchetti, E., and Daly, K. (2004), "Indigenous Courts and Justice Practices in Australia", *Trends and Issues in Criminal Justice*, No. 274, Canberra: Australian Institute of Criminology. See also: Marchetti, E. (2017), "Nothing Works? A Meta-Review of Indigenous Sentencing Court Evaluations", *Current Issues in Criminal Justice*, 28(3), pp. 257-276..

전환 및 분쟁 이후 사법

유엔은 전환적 사법transitional justice이란 "한 사회가 책임성을 인정하고, 정의를 실현하며 화해를 이루기 위해 과거 대규모 학대의 유산과 타협하려는 시도와 관련된 전 방위적인 절차와 방법"이라고 정의했다.[a]

이 의무를 구체화하기 위해 진실위원회truth commissions 활동과 같은 진실을 규명하는 수단, 사법judicial 메커니즘(국가적, 국제적 또는 혼합적), 배상, 그리고 조사를 포함한 제도 개혁과 같은 여러 방법과 정책이 수립되었다. 전환적 사법은 사법제도권 밖에서 어떻게 중대범죄를 다루는지를 보여주는 방식 등으로 소개된다. 일부 메커니즘은 화해와 보상을 강조하는 회복적 사법의 원칙에서 영감을 받기도 한다.[b] 예를 들어 시에라 리온Sierra Leone에서는 물리적으로 대립하는 파벌을 설득하여 대학살을 중단하고 이들이 평화를 정착하는 과정에 참여하도록 대사면에 동의하였고, 과거의 책임을 다루기 위한 진실과 화해 위원회가 설치되었다.

각국마다 형사 사법제도권 밖에서 범죄를 처리하기 위한 다양한 프로그램들이 존재한다. 남아프리카공화국에서는 완전한 전쟁 종식을 조건으로 사면을 허가하기도 하고, 튀니지, 네팔, 잠비아는 피해자와 가해자 간 조정과 화해 프로그램을 시행 중이며, 콜롬비아의 관대한 판결 그리고 동티모르의 지역사회 화해 프로그램 등을 그 예로 들 수 있다.

회복적 사법절차와 프로그램은 소년병을 포함한 전투원의 사회 재통합을 촉진하는 데도 활용된다. 시에라 리온Sierra Leone과 북부 우간다 northern Uganda에서는 회복적 사법절차를 통해서 소년병들이 책임을 인정하도록 지지하고, 소년 재활을 발전시켰으며, 지역사회의 보상을 보장하는 한편, 소년병들이 가족, 고향 또는 민간인의 삶으로 돌아갈 수 있도록 하였다. 이 접근방식은 피해자이자 가해자라는 소년병들의 복잡한 지위를 충분히 유연하게 설명할 수 있어 화해, 재활 및 재통합을 촉진하는 과정에서 책임의 부담을 지지해야 할 필요성도 인식할 수 있게 되었다.[c] 또 다른 차원에서 회복적 사법의 원칙은 폭력의 과격화radicalization를 방지하기 위한 혁신적 접근방법의 영감을 주었다.[d]

a   The rule of law and transitional justice in conflict and post–conflict societies: Report of the Secretary– General, (S/2004/616), para. 8.

b   United Nations OHCHR (2006), *Rule-of-law Tools for Post-conflict States: Truth Commissions*, New York/ Geneva: 2006; United Nations OHCHR (2008), *Rule-of-law Tools for Post-conflict States: Reparation*, New York/ Geneva: 2008. See also: Rosenblatt, F.F. and Weitekamp, E. (2019), "Restorative justice around the world and in cases of mass victimisation", in Peacock, R. (ed.), *Victimology in Africa*. (3rd edn), Pretoria: Van Schaik Publishers, pp. 143 – 159.

c   Salomé, J. (2016), "Children Accountability and Justice: Advancing restorative justice for child soldiers and child pirates", *Allons-y*, 1, p. 35.

d   Gavrielides, T. (2018), *Youth Radicalisation, Restorative Justice and the Good Lives Model: Comparative learn- ings from seven countries*, London: The IARS International Institute.

주요 사항 요약

1. 회복적 사법 프로그램은 범죄 피해를 복구하고, 고통을 완화시켜 주며, 재발을 방지하기 위해 노력하는 과정에 가해자, 피해자 및 기타 당사자들의 적극적인 참여를 유도한다.

2. 피해자와 가해자 그리고 범죄로 고통받는 모든 개인이나 공동체의 구성원들이 회복적 프로그램 진행자의 도움을 받아 고통을 함께 해결하는 과정에 적극적으로 참여한다.

3. 회복적 사법 프로그램은 자신의 행위로 발생한 피해를 인정하는 사람들로 하여금 피해자에게 책임 있는 행동을 취하도록 하고 가능하다면 배상할 기회를 부여한다.

4. 회복적 사법 프로그램의 주요 목표는 다음과 같다.
   - 피해자 지원, 발언권 부여, 프로그램 참여 독려 및 요구 사항 해결
   - 공동체 질서와 평화, 손상된 관계의 회복 또는 치유
   - 범죄 행위 비난
   - 모든 관련 당사자들, 특히 가해자가 합당한 책임을 지도록 격려
   - 회복적이고 미래 지향적인 결과의 제시
   - 각 범죄 가해자들이 변화하고, 지역사회에 재통합하도록 격려하여 재범 방지

5. 회복적 사법 프로그램은 다음과 같은 많은 이점을 창출할 수 있다.
   - 사법에 대한 폭넓은 접근성
   - 갈등에 대한 더욱 효과적인 해결책
   - 피해자 만족도 향상
   - 피해자에 대한 치료적 효과
   - 범죄행위 중지 가능성 증대
   - 범죄자의 성공적인 사회 재통합 가능성 증대
   - 지역사회 참여 확대 및 사법 시스템에 대한 신뢰도 향상
   - 형사 사법제도에 미치는 긍정적 혜택

6. 유엔은 2002년에 각 회원국이 회복적 사법정책을 채택하고 표준화할 것을 장려하기 위해 "형사상 회복적 사법 프로그램 사용의 기본 원칙"을 채택했다.

7. 국가 법률 체계가 회복적 사법 프로그램 설립의 전제조건은 아니지만, 새로운 회복적 사법 프로그램을 개발하고 그 정당성을 확립하는 데 중요한 자산이 될 수 있다.

2. 형사 사법에 회복적 사법 프로그램 사용을 위한 기본 원칙을 포함한, 기준 및 규범에 관한 개요

형사 사법에 회복적 사법 프로그램 사용을 위한 기본 원칙(이하 '기본 원칙'이라 함)은 모든 형사 사법 시스템 내 회복적 사법의 전개에 관한 지침을 제공한다. 위와 같은 기본 원칙은, 각 회원국으로 하여금 그들의 법률 시스템에 맞추어 회복적 사법을 수용하고 표준화하도록 알리고 장려하는 것을 목적으로 하고 있다. 기본 원칙의 수용이 의무적이거나 강제적인 것은 아니다. 그러나, 회복적 사법에 참여하는 가해자와 피해자 사이의 공정성을 보장할 수 있도록 절차적 보장수단을 마련할 것을 분명하게 하고 있다. 기본 원칙은 회원국으로 하여금 필요한 경우 입법 권한을 가지고 각 회원국만의 지침과 표준을 설정함으로써 형사 사건에서 회복적 사법을 활용하도록 권장하고 있다.

기본 원칙은 회복적 사법을 활용하는 데에 있어서 한계를 설정하고, 각 회원국들이 회복적 사법절차에 참여하는 참여자들의 법률상 보호할 수 있도록 보호수단을 설정하는 것에 관하여 다루고 있다. 특히, 기본원칙의 제2장, 제3장은 회복적 사법이 적절하게 활용이 가능한 경우(가령, 가해자에 대해 배치되는 증거들이 충분히 있어 중재를 정당화하는 경우, 가해자와 피해자가 모두 동의한 경우) 및 법적 보호 수단이 취해져야 할 경우를 규정하고 있다.

2.1 용어의 정의

앞서 서술한 바와 같이, 기본 원칙은 "회복적 사법restorative justice"이라 규정하지 않고, "회복적 사법 프로그램restorative justice programme", "회복적 절차restorative process", "회복적 결과restorative outcome"라고 규정하고 있다. "회복적 사법 프로그램[22]"은 회복적 절차에서 사용되거나 회복적 결과를 도출하기 위한 모든 프로그램을 의미한다. "회복적 절차[23]"란 조정·화해·회합 및 양형 써클을 포괄하는 것으로서, 일반적으로 진행자의 도움을 받아 가해자와 피해자, 그리고 범죄의 영향을 받은 다른 개인 또는 사회구성원이 적극적으로 범행으로 발생한 문제를 해결하기 위하여 참여하는 모든 절차를 의미한다. "회복적 결과[24]"란 회복적 절차를 거쳐 도출하게 된 합의를 의미하는데, 이에는 개개인이나 단체의 요청사항과 각 집단의 책임에 상응하고 가해자와 피해자를 회복시킬 수 있는 배상·보상·사회봉사 등과 같은 조치 및 프로그램을 포함한다.

---

22 Economic and Social Council resolution 2002/12, annex, para 1.

23 위의 결의서, para, 2

24 위의 결의서, para 3,

15

2.2 참여 당사자들의 권리

회복적 사법절차에 참여하는 당사자들로는 피해자·가해자 그리고 해당 가해행위로 인하여 영향을 받는 개인 및 단체들이 있다.[25]

기본 원칙은 각 당사자들의 권리를 보호하고, 가해자와 피해자 사이에서 절차적 공정성을 보장하기 위하여 다음과 같은 기본적인 법적 보호 조치를 권장하고 있다(제13조).

변호사의 조력을 받을 권리: 가해자와 피해자는 각각 회복적 사법절차와 관련하여 변호사의 조력을 받을 권리를 가지고, 필요한 경우 번역이나 설명을 들을 수 있어야 한다.

아동[26]의 부모 또는 후견인의 도움을 받을 권리: 더불어, 아동들은 부모 또는 후견인의 조력을 받을 수 있는 권리가 보장되어야 한다.

충분한 설명을 받을 권리: 회복적 사법절차에 참여하기로 동의하기에 앞서, 각 당사자들은 그들의 권리, 절차, 그들의 결정에 따라 발생가능한 결과에 관하여 충분한 설명을 받아야 한다.

참여하지 않을 권리: 가해자와 피해자 모두 회복적 사법절차에 참가하거나 회복적 결과를 수용하도록 부당하게 강요당하거나 회유당하지 않아야 한다. 각 당사자들의 사전동의를 요한다. 아동은 유효한 사전동의를 할 수 있도록, 사전에 충분한 조언과 도움을 받을 수 있어야 한다.

2.3 법적·정책적 보호장치ㅣLegal and policy safeguards

기본 원칙은 법률, 행정입법 또는 방침을 통하여 다음과 같은 절차적 법적 보호 조치를 마련하도록 권장하고 있다(제14조부터 제17조까지).

가해자와 피해자 모두의 동의가 요구됨: 회복적 사법절차는 가해자와 피해자가 자유로운 의사에 따라 동의한 경우에 한하여 사용될 수 있고, 양 당사자는 절차 진행 중에 언제든지 동의를 철회할 수 있어야 한다(제7조).

충분한 증거가 있는 상황에서 절차가 활용될 수 있음: 회복적 사법절차는 가해자에 대한 기소가 가능할 정도의 충분한 증거가 있는 경우에 한하여 적용될 수 있다(제7조). 가해자와 피해자는 절차에 참여하기 위한 전제로서, 사건의 기초적 사실관계에 관하여 의사의 합치가 있어야 한다(제8조).

가해자의 절차 참여가 유죄의 증거가 될 수 없음: 가해자가 회복적 사법절차에 참여한다는 점만으로는 추후 사법절차에서 유죄의 증거로 사용될 수는 없다(제8조).

합의는 자발적이고도 합리적이어야 함: 회복적 사법절차에 따라 도달한 합의는 자발적인 의사에 따라 도출되어야 하고, 합리적이고도 상호 균등한 의무를 포함하는 것이어야 한다(제7조)

---

25   Economic and Soical Council resolution 2002/12, annex, para 4.

26   기본 원칙은 "children" 대신 "minors(미성년자)"라는 용어를 사용하고 있다.

각 당사자의 안전: 각 당사자들의 안전은 해당 사건을 회복적 사법절차에 회부하거나 처리하는 데에 있어서 고려되어야 한다(제10조). 권력의 불균형을 초래하는 격차뿐만 아니라, 각 당사자 사이의 문화적 차이 또한 해당 사건을 회복적 사법절차에 회부하거나 처리하는 데에 있어서 고려되어야 한다(제9조).

절차상 비밀유지: 비공개적으로 이루어진 회복적 사법절차에서 논의된 사항들에 대해서는 비밀이 유지되어야 하고, 추후 공개되지 않아야 한다. 단, 양 당사자의 동의가 있는 경우, 국가 법률에 규정을 두고 있는 경우에는 예외가 인정된다(제14조). 유엔아동권리협약The Convention on the Rights of the Child(제16조)을 비롯한 다른 인권 협약들도 아동의 절차에 참여하였던 아동의 사생활과 기밀을 보호하는 것을 목적으로 하고 있다.

사법 통제: 회복적 사법 프로그램을 통해 도출된 합의 결과는, 사법적 감독을 받거나, 사법 결정 및 판결에 포함되어야 한다(제15조). 그리고 이 때, 회복적 사법 프로그램을 통해 도출된 합의 결과는 법원의 결정과 동일한 지위가 인정되어야 한다. 이에 따라 합의의 결과에 대하여 가해자 또는 검사가 항소를 제기할 수 있다. 그리고 이러한 합의의 결과에 대해 검사는 동일한 사실을 이유로 재차 기소할 수 없어야 한다.

합의 도출의 실패: 양 당사자 사이에서 합의에 이르지 못한 경우, 합의에 이르지 못하였다는 사정은 추후 가해자의 형사상 사법절차에서 불리한 요소로 작용되어서는 안 된다(제16조).

합의 불이행을 이유로 한 가중처벌의 금지: 회복적 사법절차를 통해 모출한 합의를 이행하지 못하였다 하더라도(법원의 결정이나 판단 이외의 것), 추후 형사 소송에서 중한 판결을 선고하는 근거가 되어서는 안 된다(제17조).

2.4 기타 국제적 표준과 규범

범죄 예방과 형사 정의에 관한 조약, 유엔 표준 규범 등을 포함한 많은 국제 협약은, 또한 특정한 경우 회복적 사법을 활용하도록 규정하고 있다. 위와 같은 협약들은 회복적 사법 프로그램의 활용을 위한 기본 원칙과 함께 고려되어야 한다.

- **범죄피해자 및 권력남용 피해자에 관한 사법의 기본원칙 선언** Declaration of Basic Principles of Justice for Victims of Crime and Abuse of Power[27]: 범죄피해자 및 권력남용 피해자에 관한 사법의 기본원칙 선언은 피해회복과 가해자와의 화해를 위해 비공식적 해결방법, 가령 조정, 중재, 기타 사회에서 수용되는 방안들을 적절하게 활용할 것을 권고한다(기본원칙선언 제7조). 또한, 필요한 경우에는 피해자 및 그의 가족에 대한 배상을 권고한다(동 선언 제8조).

- **국제인권법의 대규모 침해 및 국제인도법상 중대한 침해의 피해자의 구제와 보상을 받을 권리에 관한 기본원칙과 지침** Basic Principles and Guidelines on the Right to a Remedy and Reparation for Victims of Gross Violation of International Human Rights Law and Serious Violations of International Humanitarian Law(2005)[28]: 국제인권법의 대규모 침해와 국제인도법상 중대한 침해에 대하여, 구제 및 보상에 관한 국가의 책무를 자세하게 규정하고 있다.

27　General Assembly resolution 40/34 of 29 November 1985, annex.

28　General Assembly resolution 60/147 of 16 December 2005, annex.

- **비구금조치에 관한 유엔 최저기준규칙**United Nations Standard Minimum Rules for Non-custodial Measures**(도쿄규칙, 1990)[29]**: 이른바 도쿄규칙The Tokyo Rules은 회복적 사법에 관하여 특별하게 언급하고 있지 않으나, 이는 사회 내 처우의 활용을 권장하고 있는데, 이러한 사회 내 처우에는 회복적 사법 프로그램이 포함될 수 있다. 도쿄규칙은 가해자의 사회복귀 필요성, 사회의 보호, 피해자의 이익을 고려하여 판결을 선고하도록 권장하고 있다(규칙 제8조 제1항). 가해자들은 사회공동체와의 결합을 강화하고 사회복귀를 용이하게 할 수 있는 기회들을 제공받아야 하는데(규칙 제10조 제4항), 이러한 기회들은 회복적 사법절차를 통해서 제공받을 수 있다.

- **수감자 처우에 관한 유엔 최저기준규칙**United Nations Standard Minimum Rules for the Treatment of Prisoners**(넬슨 만델라 규칙, 2015)[30]**: 이른바 넬슨 만델라 규칙the Nelson Mandela Rules은 "교정기관은 분쟁을 해결하거나 규율 위반을 방지하기 위하여 분쟁 예방, 조정, 기타 분쟁 해결을 위한 대체 수단을 가능한 많이 활용할 것"을 권장하고 있다.

- **여성 수용자 또는 여성 범죄자에 대한 비구금조치에 관한 유엔 규칙** United Nations Rules for the Treatment of Women Prisoners and Non-custodial Measures for Women Offenders**(방콕 규칙, 2010)[31]**: 이른바 방콕 규칙The Bangkok Rules은 여성이라는 젠더적 특수성을 기반으로 한 필요성뿐만 아니라, 사회복귀를 원활하게 하기 위한 지원을 고려하여 석방 전후에 사회복귀 프로그램이 필요하다고 강조하고 있다(규칙 제45조부터 제47조까지). 회복적 사법 프로그램은 여성 가해자들의 사회 복귀를 원활하게 함으로써 중요한 역할을 수행할 수 있다.

- **아동권리협약**The Convention of the Rights of the Child, CRC**[32]**: 아동권리협약CRC은 형사피의자, 형사피고인 또는 유죄로 인정받은 모든 아동에 대하여 아동의 연령 그리고 아동의 사회복귀 및 사회에서의 건설적 역할 담당을 촉진하는 것이 바람직스럽다는 점을 고려하고, 인권과 타인의 기본적 자유를 기반으로 아동에 대한 존중심을 강화시키며, 존엄과 가치의 주체로써 아동에 대한 지각을 촉구함으로써 그에 부합한 처우받을 권리를 인정하고 있다(협약 제40조 제1항). 또한 유엔아동권리협약은 아동들이 그들에게 영향을 미칠 결정을 하는 데에 있어서 관련 사항을 고지받거나 참여할 수 있는 권리를 인정하고 있고(협약 제12조 제2항), 아동에 관한 모든 조치에 있어서 아동들의 최선의 이익이 최우선적으로 고려되어야 한다고 규정하고 있다(협약 제3조 제1항). 아동권리협약은 인권과 법적 보장이 완전히 존중된다는 조건 하에 아동들에 대하여 사법절차를 적용하는 대신 대체 수단을 활용할 것을 권고하고 있다(협약 제40조 제3항 b목). 회복적 사법 프로그램은 이러한 목적들을 달성하는 데에 매우 적합하다. 아동권리협약은 또한 피해 아동들의 보호, 정신적 그리고 신체적 회복, 사회 복귀를 위하여 적절한 조치를 취도록 권고하고 있다(협약 제39조).

- **소년사법행정을 위한 유엔 최저기준규칙**United Nations Standard Minimum Rules for the Administration of Juvenile

---

29   General Assembly resolution 45/110 of 14 December 1990, annex

30   General Assembly resolution 70/175 of 17 December 2015, annex

31   General Assembly resolution 65/229 of 21 December 2010, annex

32   General Assembly resolution 44/25 of 20 November 1989

Justice(베이징 규칙, 1985)[33]: 이른바 베이징규칙The Beijing Rules은 앞서 언급한 아동권리협약 상의 처분에 따라, 소년사법행정에 대한 유엔 최저기준규칙이, 소년사건에서 재량처분을 용이하게 하기 위해서 일시적인 관리·감독과 같은 지역사회 프로그램, 피해자에 대한 배상 및 회복 방안이 마련되도록 규정하고 있다(규칙 제11조 제4항). 소년사법행정을 위한 유엔 최저기준규칙은 소년 사법절차가 "청소년의 최선의 이익을 증진시키고, 배려와 이해의 분위기 속에서 진행되며, 절차 참가의 청소년들로 하여금 그들에 관하여 자유롭게 진술할 수 있도록" 허용되도록 권장하고 있다(규칙 제14조 제2항). 회복적 사법 프로그램은 절차 참여를 용이하게 하고, 아동의 최선의 이익을 우선한다는 원칙에 따라 절차가 진행되도록 하는 데에 있어서 매우 적합하다.

- **소년범죄예방을 위한 유엔지침**United Nations Guidelines for the Prevention of Juvenile Delinquency**(린야 가이드라인, 1990)[34]**: 소년범죄예방을 위한 유엔지침은 소년 범죄를 예방하기 위한 수단에 불안정한 상황이나 갈등을 해결하기 위한 지원 등이 포함되어야 한다고 권고하고 있다(지침 제13조).

- **범죄 예방 및 형사 사법 분야에서의 아동에 대한 폭력 방지를 위한 유엔 모델 전략 및 실무 방안**United Nation Model Strategies and Practical Measures on the Elimination of Violence against Children in the Field of Crime Prevention and Criminal Justice**(2014)[35]**: 범죄 예방 및 형사 사법 분야에서의 아동에 대한 폭력 방지를 위한 유엔 모델 전략 및 실무 방안은 대체적 분쟁 해결 수단이나 회복적 사법절차에 참가하는 아동들에게 "법률상 조력"과 법률 정보가 제공되도록 권장하고 있다(방안 제6조 제1항). 범죄 예방 및 형사 사법 분야에서의 아동에 대한 폭력 방지를 위한 유엔 모델 전략 및 실무 방안은 사법절차의 대안으로서 회복적 사법 프로그램의 장점을 감안하여, 사법절차에 대신하여 다이버전 프로그램의 활용과 회복적 사법 프로그램의 실행을 권장하고 있다(방안 제31조). 범죄 예방 및 형사 사법 분야에서의 아동에 대한 폭력 방지를 위한 유엔 모델 전략 및 실부 방안은 아동에 대한 폭력의 본질적 특성, 아동 피해자의 신체적, 정신적 피해의 심각성 때문에 아동 폭력 범죄의 가해자에 대하여 비공식적 사법절차에 의하는 데에 신중을 기하도록 하고 있다. 회원 당국들은 "아동 폭력 범죄는 고발되고 예방되어야 하고, 아동 폭력 범죄의 가해자는 그들의 행위에 대하여 책임을 부담하여야 하고, 아동 피해자에 대한 구제·지원·보상 등이 제공될 수 있도록 권장하고 있다(방안 제25조).

- **형사 사법절차 과정에서 법률상 조력에의 접근가능성에 관한 유엔 원칙과 지침**United Nations Principles and Guidelines on Access to Legal Aid in Criminal Justice Systems**(2013)[36]**: 형사 사법절차 과정에서 법률상 조력에의 접근가능성에 관한 유엔 원칙과 지침은 "법률상 조력"을 정의하면서 가해자, 피해자 증인에게 무료로 제공되어야 하는 서비스의 일환으로서 회복적 사법절차를 포함하고 있다(지침 제8조).

이와 같은 국제 표준에 더하여 지역적 차원의 협약은 회복적 사법의 활용을 증진하거나 권고하도록 발전되어 왔다.

---

33   General Assembly resolution 40/33 of 29 November 1985, annex

34   General Assembly resolution 45/112 of 14 December 1990, annex

35   General Assembly resolution 69/194 of 18 December 2014, annex

36   General Assembly resolution 67/187 of 20 December 2012, annex

유럽평의회 "형사 중재에 관한 권고문(99)19 Recommendation No. R. (99)19 concerning mediation in penal matters"은 1999년에 채택되어, 조정 프로그램에 대한 지침을 제공하였다. 2018년 앞선 권고문에 더하여 "형사상의 회복적 사법 적용에 관한 권고문(2018)8 Recommendation CM/Rec (2018)8 concerning restorative justice in criminal matters[37]"은 1999년 권고문보다 회복적 사법 및 그 원칙을 더욱 넓게 반영하였다.

유럽연합의 피해자 권리에 관한 지침 European Union's Victims' Rights Directive (2012)은 법적 구속력을 가지고 있는 약정으로서, 유럽 내 범죄피해자의 권리와 지원, 그리고 보호에 관한 최소한의 기준을 설정하고 있다. 유럽연합의 피해자 권리에 관한 지침은 회복적 사법절차상 피해자의 권리와 이익을 보호하기 위한 보호 수단의 중요성을 강조하고 있다. 또한, 피해자가 관할 기관을 처음 접촉할 때부터 이용할 수 있는 회복적 사법 서비스에 관하여 정보를 제공 받을 권리를 규정하고 있다. 유럽연합의 피해자 권리에 관한 지침은 회복적 사법 서비스가 피해자의 필요와 이익을 최우선적으로 고려하여야 하고, 과거의 피해를 회복시키고, 장래의 피해를 피할 수 있어야 한다고 규정하고 있다.

마지막으로, 여성에 대한 폭력 범죄 맥락에서 회복적 사법절차를 활용하는 것과 관련하여, 여성차별철폐협약 Committee on the Elimination of Discrimination against Women은 여성들에게 조정, 중재, 화해, 기타 대안적 분쟁해결 절차를 활용할 수 있는 권리가 있음을 고지받을 수 있는 방안을 마련하는 한편, 이와 같은 절차로 인하여 여성이 사법절차나 다른 법적 구제 절차로부터 배제되지 않고, 그들의 권리가 침해되지 않도록 권고하고 있다.[38] 그러나, 여성차별철폐협약은 또한 가정폭력을 포함한 여성에 대한 폭력사건이 또한 대안적 분행해결 절차에도 회부되지 않도록 할 것을 권고하고 있다(일반 권고문 33, 제58조 c목[39]). 여성차별철폐협약은 이후 여성에 대한 젠더적 폭력 사건이 조정, 중재 등을 포함한 대안적 분쟁해결 절차로 강제로 mandatorily 회부되지 않도록 하는 데에 목적이 있다는 점을 분명히 하였다.[40] 여성지위 위원회 Commission on the Status of Women의 권고 또한 동일한 입장에서 회원국에게 폭력 피해의 여성 및 소녀들에게 대안적 분쟁해결 절차의 강요를 금지하는 입법이나 다른 수단을 강구하도록 하고 있다. 유사하게 유럽 평의회 여성 폭력 및 가정 폭력의 방지와 근절에 관한 협약 the Council of Europe Convention on preventing and combating violence against women and domestic violence(이스탄불 협약)은 조정, 중재를 포함하여 대안적 분쟁 해결 절차의 강제를 금지하고 있다.[41]

여성차별철폐협약 Committee on the Elimination of Discrimination against Women은 전문가에 의하여 피해자가 자유로운 의사에 따라 사전 동의하였고 피해자, 생존자 survivors(역자주: 피해자는 젠더 폭력 범죄 등에서 생존자로 표현되기도 함) 또는 그들의 가족들에게 추가적인 위험이 발생하지 않음을 확인할 수 있는 조사가 선행된 경우에 한하여 조정과 중재를 포함한 대안적 분쟁해결 절차가 엄격히 규율되고 허용될 수 있도록 권고하고 있다. 협

---

37 Recommendation CM/Rec(2018)8 of the Committee of Ministers to Member States concerning restorative justice in criminal matters.

38 Committee on the Elimination of Discrimination against Women, General recommendation No. 33 on women's access to justice. CEDAW/C/GC/33, 2015, para. 58 (a) and (b)

39 Committee on the Elimination of Discrimination against Women: General recommendation No. 33 on women's access to justice. CEDAW/G/GC/33, 2015, para. 58(c).

40 Committee on the Elimination of Discrimination against Women: General recommendation No. 35 on gender-based violence against women, updating general recommendation No. 19 (2017), para 32 (b)

41 Council of Europe(2011), Council of Europe Convention on preventing and combating violence against women and domestic violence. Council of Europe Treaty Series - No. 210, article 48(1)

약은 또한 이러한 절차에 관하여 "피해자/생존자에게 자율권을 주어야 하고, 젠더적 폭력을 당한 여성의 사건에 관하여 이해하고 적절하게 관여할 수 있도록 특별하게 훈련된 전문가에 의하여 제공되어야 하며, 여성과 아동의 권리를 보호될 수 있도록 하여야 하고, 여성에 대한 편견이나 2차 피해가 이루어지지 않도록 절차가 진행되어야 한다. 대안적 분쟁 해결 절차로 인하여 여성이 일반 사법절차를 이용하는 데에 장애가 되어서는 안 된다[42]"고 덧붙이고 있다(일반 권고 35. 제32조 제b목).

2.5 국가적 지침과 표준

회복적 사법 프로그램을 도입하기 위하여 입법이 필요한지 여부가 문제되고는 한다. 대다수의 경우, 이는 각 지역의 현행 시스템, 기존의 입법뿐만 아니라 시행되는 회복적 사법의 본질적 특성을 고려하여 각 지역에 따라 해결하도록 권장된다. 이는 추후 제7장에서 다시 다루기로 한다.

회복적 사법 프로그램 사용에 관한 기본 원칙은 각 회원국에게 필요한 경우에는 입법 권한을 사용하여 지침과 기준을 설립하고 회복적 사법 프로그램을 활용할 것을 권고하고 있다. 또한, 각 지침과 기준은 회복적 사법 프로그램 사용에 관한 기본 원칙을 준수하는 것이어야 하고, 다음의 사항을 포함하는 것이어야 한다고 규정하고 있다(제12조).

(a) 회복적 사법절차에 회부할 수 있는 사건의 조건

(b) 회복적 사법절차에 따른 사건 처리

(c) 전문진행자의 자격, 훈련, 평가

(d) 회복적 사법 프로그램의 집행

(e) 회복적 사법 프로그램 운용에 적용되는 행동 및 권한에 관한 규칙

몇몇의 국가에서는, 조정 절차를 규율하는 법률을 통해 특정 위원회를 설립하도록 규정하고 있다. 이와 같은 위원회는 두 가지 기능, 즉 회복적 절차에 참여하는 피해자, 가해자, 제3자에게 진정절차를 제공하고, 다른 한편으로는 회복적 사법 실무자들에게 윤리적 원칙이나 지침을 제공하는 기능을 수행한다.

유럽 평의회 "형사 사건에서의 회복적 사법에 관한 권고문 (2018)8 Recommendation CM/Rec (2018)8 concerning restorative justice in criminal matters"은 회원국에게 사법부의 요청에 따라 회복적 사법에 회부되거나, 기소 및 소송 절차에 영향을 주는 방향으로 활용되는 경우에 대하여 명확한 법률상 근거를 마련할 것을 권고하고 있다(제21조). 또한, 형사 절차 중에 회복적 사법이 가능하도록 정책들이 개발되도록 권고하고 있다. 이러한 정책들은 회복적 사법에 회부되는 사건에 제공되는 절차와 회복적 사법에 따른 사건 처리에 관한 절차를 다루는

---

42   Committee on the Elimination of Discrimination against Women: General recommendation No 35 on gender-based violence against women, updating general recommnedation No. 19 (2017), para 32(b)

것이어야 한다(제22조).

> **주요 사항 요약**
>
> 1. 회복적 사법 프로그램 사용에 관한 기본 원칙은, 회원국에게 회복적 사법을 알리고 각 국가의 법률 체계에 맞추어 회복적 사법을 수용하고 규범으로 삼도록 함에 그 목적이 있다.
>
> 2. 다음과 같은 회복적 사법절차에 참여하는 피해자와 가해자의 권리는 보호되어야 한다.
>   - 피해자와 가해자가 회복적 사법절차와 관련하여 법률전문가의 조력을 받을 권리
>   - 회복적 사법절차에 참여하는 아동들이 부모나 후견인의 조력을 받을 권리
>   - 각 당사자들은 그들의 권리, 회복적 사법의 특성, 절차 참여로 인하여 발생 가능한 결과에 대하여 충분히 설명받을 권리
>   - 참여하지 않을 권리. 피해자와 가해자 모두에 대하여 자유로운 의사에 따른 사전 동의의 요구. 피해자와 가해자 모두 협박, 회유, 기타 부당한 수단에 의하여 회복적 사법절차에 참여하거나 회복적 사법절차로 인한 결과를 수용하도록 강요 금지
>
> 3. 다음 사항을 포함하는 절차적 보호 장치가 마련되어야 한다.
>   - 가해자의 회복적 사법절차에의 참여는 추후 소송에서 유죄의 증거로 사용될 수 없음
>   - 회복적 사법절차에 따라 도출된 합의는 자유로운 의사에 따른 것이어야 하고, 합리적이고도 균등한 책무를 포함하는 것이어야 함
>   - 절차상 비밀이 준수되어야 함
>   - 합의 도출의 실패는 추후 소송에서 가해자의 유죄 증거로 사용될 수 없음
>
> 4. 범죄 예방과 형사 정의에 관한 유엔 기준과 규범들은 특정한 경우 회복적 사법을 활용하도록 권고하고 있고, 이 때 회복적 사법 프로그램 사용에 관한 기본 원칙을 함께 고려하여야 한다.
>
> 5. 각 회원국에게 필요한 경우에는 입법 권한을 사용하여 지침과 기준을 설립하고, 회복적 사법 프로그램을 활용하여야 한다.

3. 회복적 사법절차와 프로그램들의 유형

이 장에서는 회복적 사법절차와 프로그램들의 공통점, 다른 특징 그리고 형사 사법절차와 관련하여 어떠한 위치에 있는지 그 차이점에 대해서 기술한다. 주요 절차 유형으로는 조정mediation, 회합conferencing, 서클circles 3가지가 제시되는데, 이들은 범죄 예방과 형사 사법 분야에서 다양한 회복적 사법 프로그램들을 활성화시켜 왔다. 또한 이 장은 공동체 패널과 피해자 대리 프로그램과 같은 몇몇 유사 회복적 절차에 대하여 간단히 살펴보고, 법집행기관, 교정기관 및 기타 형사 사법기관들의 운영에 있어서 회복적 사법 접근의 새로운 적용에 대해서도 기술한다.

3.1 형사사건에 있어서 회복적 사법 접근방식의 다른 적용

회복적 사법은 범죄에 적용될 수 있는 유연한 접근방식이고, 토착 및 관습법을 포함한 형사 사법 시스템에 의해 확립된 보완물이다.[43] 따라서 회복적 사법은 아주 다양한 방식으로 실행되고 있다. 형사 사법분야에서 회복적 사법의 제도화는 다양한 경로를 거쳐 발전해 왔기 때문에, 쉽게 일반화하기는 곤란하다.[44]

회복적 사법은 형사 사법절차와 다양한 방식으로 교차하거나, 독립적으로 기능할 수 있다.[45] 많은 회복적 사법 프로그램들이, 피해자들의 참여와 공동체의 개입을 받아들이며, 사법에 대한 다른 경로를 제공하는 형사 사법절차의 대안으로 발전되어 왔다. 또한 교도소 기반을 포함한 몇몇 재판 후 프로그램들도 시행되고 있는데, 가해자의 효과적인 사회복귀에 기여할 수 있다.[46] 수감자들의 재진입(재정착)에 대한 공동체 기반의 회복적 사법 접근방식은 가해자의 성공적인 사회적 재통합을 촉진하고, 공동체와의 유대를 강화하는데 효과적임을 증명하고 있다.[47]

현존하는 프로그램들은 형식, 우선하는 목표, 공식적인 형사 사법절차들과의 관계 방식, 설정 및 운영방

---

43 Basic Principles, Preamble, ECOSOC resolution 2002/12. See annex to this handbook.

44 Aertsen, I., Daems, T. and Robert, L. (2013), *Institutionalizing Restorative Justice*, Cullompton: Willan Publishing.

45 Gavrielides, T. (2007), Restorative Justice Theory and Practice: Addressing the discrepancy, Helsinki: HEUNI.

46 Walker, L. (2009), "Modified Restorative Circles: A reintegration group planning process that promotes desistance", Contemporary Justice Review, 12(4), pp. 419–431; Rossi, C. (2012), "Le modèle québécois des rencontres détenus–victimes", Les Cahiers de la Justice, Dalloz, 2012(2), pp. 107–126; Crocker, D. (2015), "Implementing and Evaluating Restorative Justice Projects in Prison", Criminal Justice Policy Review, 26 (1), pp. 45–64; Olliver, R. (2017), Restorative Justice and Prison: A report for governors, London: Restorative Justice Council.

47 UNODC (2018), Introductory Handbook on the Prevention of Recidivism and the Social Reintegration of Offenders, New York: United Nations.

식, 당사자들의 참여를 촉진하는 방식 등에 있어서 상당히 다양하다. 또한 형사 사법 전문가들이 회복적 사법절차에 참여하는 정도 역시 다양하다. 예를 들어, 양형 서클의 경우, 사법 전문가들의 역할은 검사의 공소장 낭독, 판사의 재판개정 선언, 검사의 기소대상 범죄에 대한 법정 구형 등과 같은 공식적인 법률업무 수행을 제외하고는 제한된다. 대부분의 경우, 기관담당자들은 서클에 참여하고, 얘기할 차례가 되면 그들의 의견을 표명할 수 있다. 회합 프로그램들의 경우, 북아일랜드 등 일부 지역에서는 변호사가 그 절차에 입회하는 것이 허용되는데, 개인의 이익을 대변하는 것이 아니라, 개인의 권리 보호를 보장하기 위한 것이다.

회복적 사법 프로그램들은 공공 또는 정부기관 또는 비정부 기관에 의해 운영되고 있는데, 공동체 또는 경찰 또는 검찰, 법원, 보호관찰/소년사법 서비스 또는 교도소 등에 기반하고 있다. 회복적 절차의 진행은 보호관찰관, 경찰관, 판사와 같은 사법시스템 전문가들의 책임 또는 상근 전문 진행자나 훈련받은 자원봉사자들의 책임에 포함될 수 있다.

3.2 절차의 주요 유형

회복적 사법 프로그램들이 다양하기는 하지만, 몇몇 유형의 회복적 프로그램은 다른 프로그램들보다 널리 사용되어 왔다. 대표적으로는 (a) 피해자-가해자 조정(화해), (b) 회복적 회합, (c) 서클이 있다.

피해자-가해자 조정 Victim-offender mediation, VOM

피해자-가해자 조정 VOM 프로그램들(또는 피해자-가해자 화해, 피해자-가해자 대화 프로그램, 그리고 유럽에서는 패널 조정으로 알려짐)은 가장 초기의 회복적 사법 모형 중의 하나이며, 여러 국가들에서 보고된 가장 일반적인 유형이다.[48] 이들 프로그램은 피해자와 가해자가 범죄와 그 영향에 대한 대화에 참여하는 경우, 직접 또는 간접적인 절차를 제공하는데, 화해조정의 목적으로 훈련받은 공정한 제3자에 의해 얼굴을 마주하는 모임 또는 다른 간접적인 방식을 통해 대화가 촉진된다. 적어도 이들 프로그램은 가해자와 피해자 간에 직접적 또는 간접적으로 지원받는 대화의 기회를 제공한다.[49]

이 유형의 프로그램은 가해자들이 자신의 범죄에 대해 책임지도록 하는 것을 보장하면서 범죄피해자들의 요구를 해결하도록 고안되어 있다. 이러한 프로그램은 정부기관 또는 비영리조직에 의해서 운영될 수 있는데, 그 의뢰는 경찰, 검찰, 법원, 변호인, 보호관찰소, 때로는 가해자 또는 피해자의 요구로 이루어진다.

---

48 UNODC (2017), *A summary of comments received on the use and application of the Basic Principles on the Use of Restorative Justice Programmes in Criminal Matters*: www.unodc.org/documents/commissions/CCPCJ/CCPCJ_ Sessions/CCPCJ_26/E_CN15_2017_CRP1_e_V1703590.pdf.

49 Bolívar D. (2015), "The local practice of restorative justice: are victims sufficiently involved?", in Vanfraechem, I., Bolívar, D. and Aertsen. I. (eds.), *Victims and Restorative Justice*, Abingdon, Oxon: Routledge, pp. 203 – 238. See also: Umbreit, M.S., Coates, R.B. and Vos, B. (2007), "Restorative Justice Dialogue: A multi-dimensional, evidence-based practice theory", *Contemporary Justice Review: Issues in Criminal, Social, and Restorative Justice*, 10(1), pp. 23 – 41.

피해자-가해자 조정 프로그램들은 기소전, 기소후/공판전, 기소후 및 재판후 단계에서 운영될 수 있다. 이들 프로그램은 피해자와 가해자의 자발적인 참여를 수반한다. 또한 이들 프로그램은 양형 권고사항으로 이어지는 판결전 절차에도 제의할 수 있다. 그 절차가 판결 전에 이루어질 때, 조정의 결과는 통상 검찰 또는 판사의 고려사항이 된다. 피해자-가해자 조정 절차는 가해자의 수감중에도 성공적으로 사용될 수 있으며, 심지어 장기 복역하는 경우에도 범죄자의 사회복귀 절차의 일부가 될 수 있다.

피해자-가해자 조정은 피해자와 가해자가 얼굴을 마주해서 만나고, 서로의 감정들을 직접적으로 서로에게 표현하고, 범죄이유를 포함해 당시 상황에 대한 새로운 이해를 구축할 수 있다면, 그 목적을 충분히 달성하기가 보다 쉽다.[50] 훈련받은 진행자의 도움으로, 피해자와 가해자는 그들 둘 다 그 상황을 종결시키는 데 도움이 될 합의에 도달할 수 있다.

실제로는, 통상 대면 모임에 앞서서, 진행자는 양쪽 당사자들을 만나서 그들이 준비하는 것을 돕는다. 이것은 특히 피해자가 가해자와 조우함으로써 다시 피해를 당하지 않고, 그리고 가해자가 그 사건에 대한 책임을 인정하고, 피해자와 진심으로 만나기를 바라도록 보장하기 위하여 이루어진다. 피해자와 가해자간의 직접적 접촉이 가능할 때, 일방 또는 양방의 당사자들이 친구나 조력자를 동행하는 것이 이례적인 것은 아니다. 다만, 후자가 항상 대화에 참여하는 것은 아니다. 결국, 원활해진 대면 모임의 장점에도 불구하고, 피해자와 가해자간의 직접적인 접촉이 항상 가능하거나, 피해자가 항상 희망하는 것도 아니다. 따라서 진행자가 당사자들을 계속해서 개별적으로 만나고, 오디오나 비디오기록을 포함한 메시지를 전달하는 방식인 간접적인 조정 절차들도 널리 사용되고 있다.

피해자-가해자 조정을 사용하기 전에, 다음 4개의 기본요건이 충족되어야 한다.

- 가해자는 발생한 피해에 대한 책임을 받아들이거나, 적어도 부인하지 않아야 한다.
- 피해자와 가해자는, 조정에 그들이 참여하는 근거로서 사건의 기본적 사실들에 동의한다.
- 피해자와 가해자는 둘 다 그 절차를 이해하고 적극적으로 참여하여야 한다.
- 피해자와 가해자는 둘 다 그 절차에 참여하는 것이 안전하다고 생각하여야 한다.

피해자-가해자 조정에서는, 가해자들은 필요에 따라 도움과 지원을 위해 다른 기관들에 의뢰되는 일이 종종 있다. 피해자에게는 해결책을 실현하는데 최대한의 투입이 허용된다. 그들은 범죄에 대한 정보를 요구하고, 가해자에게 범죄로 인해 그들이 얼마나 영향을 받았는지 얘기할 수 있다. 한 사람 이상의 조정가들이, 양측 당사자들이 그들의 요구사항을 해결하고, 갈등에 대한 해결책을 제공하는 합의에 도달하도록 지원한다. 조정 절차는 피해자의 손실들에 대한 배상 또는 보상으로 이어질 수 있다. 이러한 절차가 판결 전에 이루어지는 경우, 가해자와 피해자 간에 조정이 된 합의는 법정에 제출될 수가 있고, 판결이나 보호관찰 명령의 조건에 포함되는 경우가 있다.

---

50 Bouffard, J., Cooper, M. and Bergseth, K., 2017, "The effectiveness of various restorative justice interventions on recidivism outcomes among juvenile offenders", *Youth Violence and Juvenile Justice*, 15(4), pp. 465–480.

오스트리아 : 다이버전 프로그램으로써 피해자-가해자 조정VOM

오스트리아의 피해자-가해자 조정은 다이버전 패키지(Rücktritt von der Verfolgung 또는 기소 취하)의 일부로써 형사절차법(제204조)에 포함되어 있다. 다이버전 조치의 하나로써 피해자-가해자 조정은 5년 이하의 징역으로 처벌되는 범죄에 적용할 수 있고, 그 범죄가 사망을 초래한 사건이 아니어야 한다.

피해자-가해자 조정은 형사절차의 모든 단계에서 적용할 수 있지만, 피해자-가해자 조정의 신청은 보통 초기 단계에서 이루어진다. 검사는 사건을 피해자-가해자 조정에 회부할 재량을 가진다. 그리고 사건이 기준에 맞는지를 확인하기 위해 조사를 할 수 있다. 판사들도 회부할 수 있다. 오스트리아의 피해자-가해자 조정에 대한 회부는 약 85%가 검사에 의해 이루어지고 있다. 그러나 피해자와 가해자에게는 피해자-가해자 조정을 신청할 권리가 없다.

검사 또는 판사가 피해자-가해자 조정을 하기로 결정하면, 피해자-가해자 조정은 보호관찰협회와 오스트리아 전역에 35개 사무소를 갖춘 법무부의 재정지원을 받는 자치단체인 사회복지단체Neustart에 의해 시행된다. 이 사회복지단체의 조정가는 특별한 훈련이나 실습을 받은 사회복지사, 변호사, 또는 심리학자들이고, 관련 전문 자격을 갖출 것이 요구된다. 조정가는 가해자와 피해자에게 연락을 취하고, 대부분 직접 대면 조정을 통해, 재판이나 유죄판결없이 합의 또는 화해를 이루려고 할 것이다. 피해자-가해자 조정의 결과는 손해에 대한 금전적 보상을 포함할 것이고, 그 합의는 당사자들이 서명한 서면으로 하여야 한다. 조정가는 검사에 대한 최종 보고서를 포함해 사건 전체의 진행을 담당한다.

피해자-가해자 조정을 사용하려면, 가해자는 다음 사항을 수행해야 한다. (a) 자신의 행위를 설명할 준비가 되어 있음을 표명할 것(반드시 유죄를 인정할 필요는 없음), (b) 그 행위로 인해 발생한 손해에 대한 배상을 제공하기, (c) 앞으로 그런 행동을 자제할 용의가 있음을 표현하기. 피해자-가해자 조정은 친밀한 관계의 폭력을 포함한 사건들에도 적용되기 때문에 가해자가 피해자를 비난하거나 범죄행위를 경시하거나 부정하고 그리고 심각한 힘의 불균형, 폭력의 전력, 피해자 부분에서 정서적 불안이 존재한다면 조정은 있을 수 없다는 것을 확실하게 하기 위해서 특별한 규정이 있어야 한다. 이러한 위험 요인이 검사의 보고서 안에 존재하는 경우, 양측 당사자와 각각 개별 모임을 개최하고 사안이 피해자-가해자 조정에 적합한지 여부를 판단하는데 위험성 평가 도구가 사용되기도 한다.

피해자-가해자 조정이 성공적으로 완료되면 으레 형사 소추, 판결 및 범죄기록의 면제로 이어진다. 2015년 현재, 피해자-가해자 조정의 74.1%가 성공하였다. 별도의 연구에 따르면, 참가자의 84%는 법정 밖에서의 보상이 완료된 후에 재범하지 않았다.[a]

[a]   Hofinger, V. and Neumann, A (2008), Legalbiografien von Neustart Klienten, Vienna : Institut für Rechts und Kriminalsoziologie.

라오스 인민민주공화국: 마을조정기구

라오스 인민민주공화국에서는 마을조정기구가 분쟁해결을 위한 지속적인 메커니즘을 제공하고 화해조정을 증진하기 위해 설립되어 있다. 이 기구는 분쟁해결을 위한 풀뿌리 메커니즘을 제공한다.

출처: Lao People's Democratic Republic, Ministry of Justice, Justice Minister Decree on Establishment and Movement of Village Mediation Unit, No. 210/MoJ, Vientiane, 19 October 2009.

노르웨이의 조정서비스에 대한 광범위한 접근

　　노르웨이에서는, 1991년 시조정기관법the Municipal Mediation Service Act에 따라, 모든 사법기관에서 위탁을 받을 수 있는 국립조정기관을 설립했다. 국립조정기관은 22개 지역조정기관 안에 수백 명의 시민 조정가를 포함한다. 조정은 민사사건뿐만 아니라 보호관찰 명령과 징역형 선고 등을 포함한 사법절차의 모든 단계에서 이용가능하다. 검찰당국도 또한 조정을 위해 조정-화해 담당기관으로 사건들을 이관할 수 있다.

캐나다: 판결 이후 단계에서의 피해자-가해자 조정VOM

　　캐나다 교정국CSC은 2년 이상의 수감기간을 포함한 판결의 집행을 담당하는 연방정부기관으로, 회복적 기회 프로그램Restorative Opportunities Program을 통해서 피해자-가해자 조정을 제공한다. 회복적 기회 프로그램은 등록 피해자(또는 그 대리인)가 이용할 수 있으며, 범죄의 영향을 받은 미등록 피해자도 이용할 수 있다. 가해자의 직접적인 피해자-가해자 조정에 대한 요구는 받아들여지지 않는다. 그러나, 범행과 관계있고, 책임을 수용하는 가해자들은 그들의 참여를 지원하는 교정기관 직원에 의해 회복적 기회제공 프로그램에 회부될 수 있다. 일단 회부가 되면, 회복적 기회제공 프로그램 직원과 조정자는 타당성과 가해자의 자발성에 대하여 평가한다. 회복적 기회제공 프로그램은 전문적인 조정자에 의해 판결이후 단계에서 운영되고, 관련된 개인정보가 유출되지 않도록 하는 방식으로 진행된다. 대부분의 피해자-가해자 조정은 대면하여 실시되지만, 편지, 비디오메시지 또는 가해자와 피해자 간에 조정자가 중계해 주는 메시지들과 같은 간접적인 방식도 이용할 수 있다.

회복적 회합Restorative conferences

　커뮤니티 회합과 가족집단회합과 같은 회복적 회합은 주요 피해자와 가해자보다 많은 당사자들을 포함한다는 점에서 피해자-가해자 조정과 다르다. 회합 모델에서, 범죄에 영향받은 가족구성원들, 친구들, 공동체 대표들, 그리고 모델에 따라서는 경찰이나 다른 전문가들과 같은 다른 사람들은 회합 진행자로써 역할하는 공정한 제3자에 의해 모이게 된다. 많은 경우, 성별 균형 또는 성소수자의 관심을 지원하고, 구체적인 장애를 설명하고, 관습법에 적절한 연결고리를 만들기 위해 한사람 이상의 진행자가 참여한다. 게다가, 회합의 초점은 더 넓다 : 피해자-가해자 조정의 목적뿐만 아니라, 회합은 가해자들이 그들의 범죄가 피해자와 피해자 가족뿐만 아니라 가해자 자신의 가족과 친구들에게도 끼친 영향을 인식할 수 있도록 추구하는데, 이러한 관계들을 회복할 기회도 제공한다.[51]

가족집단회합Family group conference, FGC

　가족집단회합FGC은 아동들을 정식 형사 사법시스템으로부터 다른 절차로 전환하는데 종종 사용된다. 현대적인 형태의 모델은 1989년 뉴질랜드에서 국가적 입법으로 받아들여져, 청소년사법절차에 적용되었는

---

51 Zinsstag, E., Teunkens, M. and Pali, B. (2011), *Conferencing: A way forward for restorative justice in Europe*, Brussels: European Forum for Restorative Justice. See also: Zinsstag, E. and Vanfraechem, I. (2012), "Conferencing – A developing practice of restorative justice", in Zinsstag, E. and Vanfraechem, I. (eds.), *Conferencing and Restorative Justice – International Practices and Perspectives*, Oxford: Oxford University Press, pp. 11 – 32.

데, 이는 그 당시 존재하는 회복적 사법 접근방식 중에서 가장 체계적으로 제도화된 것이다. 그 모델은 지금도 수정된 형태로 캐나다, 체코공화국, 아일랜드, 레소토, 남아프리카, 호주 남부 그리고 미국, 기타 국가에서 경찰이 주도하는 다이버전 접근방식으로써 널리 사용되고 있다.

각 회합 절차에는 주최자 또는 진행자가 있다. 회합 절차의 초점이 통상의 조정 프로그램보다 약간 더 넓기 때문에 피해자와 가해자 양측의 가족과 친구 그리고 때로는 공동체의 다른 구성원들이 함께 전문적으로 진행되는 절차에 참여하게 된다. 가족집단회합 절차는 당사자들에게 바람직한 결과를 확인하고 범죄의 결과를 다루고 문제행동의 재발을 방지하기 위한 적절한 방법을 찾는 것을 목표로 한다. 그 임무는 가해자가 범죄의 결과에 직면하게 하고 회복 계획을 수립하고 그리고 예를 들어, 뉴질랜드 모델 등과 같은 보다 심각한 경우에는 보다 제한적인 감독 그리고/또는 구금의 필요성을 판단하는 것이다. 호주와 미국에서는 경찰관들이 일반적으로 그 프로그램에 회부하는 주요한 게이트키퍼gatekeepers로써 역할을 하지만, 남아프리카 공화국에서는 검사들이 한다.

가족집단회합은 일부 국가에서 청소년범죄의 상황에 대처하기 위해 특별히 사용된다(예 : 뉴질랜드, 캐나다, 북 아일랜드). 예를 들어, 북아일랜드에서는 청소년 회합 모델은 피해자뿐만 아니라 그 피해에 대한 책임이 있는 청소년의 요구와 이익의 균형을 위해 사용된다. 그것은 또한 공동체 구성원의 참여가 피해자와 가해자 모두를 지원할 것을 강조한다. 가족집단회합에서 개발된 회합계획들은 법원에 의해 다양하게 받아들여진다. 그럼에도 가족집단회합 참여는 일반적으로 예측가능한 당연한 절차였으며, 참가자들은 코디네이터의 경험과 역할을 매우 중요하게 생각하였다.[52]

가족집단회합은 영국에서 주로 아동 보호사건들에서 의사결정 절차로 사용되고 있다. 이러한 아동 보호사건의 경우, 사회복지기관의 아동가족담당부서의 사회복지사가 사건을 가족집단회합에 회부한다. 가족집단회합은 아동의 가족 구성원들로 구성한다. 진행자는 절차와 제기된 안건에 대하여 설명한다. 그리고나서 가족들은 스스로 해결책을 찾아내야 한다. 만약 그 가족들의 제안이 사회복지기관에 받아들여진다면, 그 가족들은 그것을 구현하기 위한 지원을 받는다.

예를 들어, 영국 중부 리즈시의 가족존중 프로그램Leeds Family Valued은 가정폭력을 경험하는 가족을 포함하여 가족집단회합 담당기관에 대한 접근을 확대한 리즈시의회의 시스템 변경 프로그램이었다. 프로그램의 평가는 가족들이 가족집단회합에 대해 매우 긍정적이며, 그 절차가 가족들을 어떻게 지원했는지를 밝혀냈다. 그 연구는 또한 가족집단회합을 가족에게 도입하는 방법이 매우 중요하다는 것과 이러한 도입이 코디네이터에 의해 이루어져야 한다는 것도 밝혀냈다.[53]

회복적 회합이 가해자와 함께 일하고 지원하는 입장에 있는 개인들을 포함하여 더 넓은 범위의 관계자들의 서클을 포함하는 경향이 있기 때문에, 회합 절차들은 특히 가해자가 합의된 결과를 따르는지를 보장하는 수단으로 효과적이다. 사실, 다른 구성원들은 종종 가해자의 행동을 모니터링하고 가해자가 스스로 동의한

[52] Campbell, C., et al. (2005), *Evaluation of the Northern Ireland Youth Conference Service*, Northern Ireland Office, Research and Statistical Series: Report No. 12. See also: Doak, J. and O'Mahony, D. (2011), "In Search of Legiti\-macy: Restorative conferencing in Northern Ireland", *Legal Studies*, 31(2), pp. 305–325.

[53] Mason, P., Ferguson, H., Morris, K., Munton, T. and Sen, R. (2017), *Leeds Family Valued: Evaluation Report*, Children's Social Care Innovation Programme Evaluation Report 43, United Kingdom: Department of Education.

사회복귀와 회복적 조치들을 준수하는 것을 보장하는데 지속적인 역할을 하고 있다.

사례연구 : 가족집단회합*

회합 중 가해자, 그 엄마와 할아버지, 피해자, 체포했던 지역 경찰관이 각각 범죄와 그 영향에 대해 이야기한 뒤, 소년사법 코디네이터는 모임의 다른 구성원들에게 추가 의견을 구하였다. 그 모임은 가해자의 교사들 2명, 피해자의 친구들 2명 그리고 기타 인원을 포함하여 지역 학교에서 모인 약 10명의 시민들로 구성되었다. 그리고나서 코디네이터는 가해자가 그의 범죄로 인한 피해를 보상하기 위하여 무엇을 해야 하는지 의견을 내도록 요구하였다. 피해자는 가해자와의 언쟁 중에 부상을 입고, 안경이 깨진 교사였다. 대략 한 시간 동안 계속되는 회합에서 남은 30분 동안에, 그 그룹은 피해자에 대한 손해배상에 교사의 의료비와 새로운 안경에 대한 비용을 부담하는 것은 물론 교내에서의 사회봉사를 포함시켜야 한다는 의견을 내었다.

*   Bazemore, G. and Griffiths, C. T. (1997), "Conferences, Circles, Boards, and Mediations: Scouting the 'New Wave' of Community Justice Decision Making Approaches", Federal Probation, 61, (June), pp. 25 - 38.

공동체 회합Community conferences

공동체 회합은 범죄자가 형사 사법시스템으로부터 전환될 수 있는 "대안적 조치" 프로그램으로도 사용되기도 한다. 그와 같은 프로그램은 정부로부터의 재정적 지원 유무와 관계없이 공동체 그룹 또는 기관에 의해 운영되는 경향이 있다. 회합은 보통 가해자 및 피해자와 가장 관련성이 있는 사람들과 그 절차에 관심을 갖는 공동체의 다른 구성원(예를 들면, 청소년 가해자의 경우에는 학교 교사 또는 고용주)이 참여한다. 가해자가 회부되는 기관 또는 공동체 그룹은 또한 가해자가 합의사항 준수에 대하여 모니터링할 책임도 있는데, 법집행기관 또는 사법당국의 직접적인 감독하에서 기능하는 경우도 있고 기능하지 않는 경우도 있다.

공동체 평화 프로그램Community Peace Programme(남아프리카)

10년 이상, 공동체 평화 프로그램은 "평화 위원회the Community Peace"의 네트워크 활동을 중심으로 한 지방정부의 광범위하게 복제가능한 모델을 남아프리카 전체 180개소에 광범위하게 구축했다. 평화 만들기(peace-making)와 평화 세우기peace-building라는 새로운 계획들을 촉진함으로써, 평화위원회는 그들이 봉사했던 공동체에서 귀중한 자원이 되어왔다. 그들의 목적은 인간의 안전보장, 지역적 정보의 가치 제고, 사회적 자본 성장, 그리고 효과적인 파트너십을 구축하는 것이다.

아쉽게도 정치적 이유로, 비록 모든 틀을 잡고, 실행할 준비가 되어 있지만, 평화위원회는 현재 활동하지 않고 있다. 평화위원회의 구성원들은 업무과정에서 다음의 가이드라인들을 사용하였다.

- 우리는 우리의 공동체에서 안전하고 안전을 보장하는 환경을 만드는 것을 지원한다.
- 우리는 남아프리카의 헌법을 존중한다.
- 우리는 법률의 범위 내에서 일한다.
- 우리는 분쟁에 가담하지 않는다.

- 우리는, 개인이 아닌 공동팀으로써 공동체 안에서 일한다.
- 우리는 공동체에 공개되어 있는 절차에 따른다.
- 우리는 우리의 일이나 다른 사람들에 대하여 험담을 하지 않는다.
- 우리는 우리의 활동에 헌신한다.
- 우리의 목적은 치유하는 것이지, 상처주는 것이 아니다.

출처: Community Peace Programme, Institute of Criminology, Faculty of Law, University of Cape Town: www.ideaswork.org/aboutcommunitypeace.html.

사례연구 : 북아일랜드에서의 청소년 회합

한 소년이 노부부의 가정에 침입했다. 그는 약물을 구입할 돈을 찾고자 하였다. 고령의 남편이 그를 방해했고, 그 결과 달아나려고 하던 가해자에 의해 심각한 부상을 당했다. 그 결과로 결성된 공동체 회합에는 노부부와 그들의 아들 그리고 이웃, 범죄를 저지른 청소년, 그의 아버지와 고모, 지역 경찰관과 교구성직자를 포함하였다.

노인은 그가 평생 동안 열심히 일했던 집이 어지럽혀졌고, 아주 심하게 다친 것이 얼마나 화나는 것인지를 그 소년에게 말할 수 있었다. 그의 처는 범죄이후 공포로 인해 잠을 잘 수 없었고, 그 집을 떠나 보다 안전한 곳으로 이사를 가고 싶다고 설명했다.

그 소년은 반성을 표명하며, 변명하려거나 그의 행동을 정당화하려고 하지 않았다. 그러나, 회합 동안에 소년은 그의 모친이 사건 발생 약 1년 전에 사망했고, 슬픔을 해결하기 위해 약물을 사용했다고 말했다. 공동체 회합 절차를 통해, 그 소년이 해야 할 사항으로 성직자가 주관하는 교구 내 봉사활동하기, 그의 슬픔과 약물 사용에 대한 상담을 받기, 지역 청소년 클럽활동에 참여하기, 최대 1년간 사회복지사의 감독하에 있기가 결정되었고, 이것은 소년법원 판사에 의해 받아들여졌다.

서클Circles

선주민indigenous people은 전통적으로 의사결정, 영적 의식, 치유, 분배 그리고 가르침을 위해 대화 서클을 사용해왔다. 서클 절차의 사용은 현대 형사 사법시스템에도 적응하여 왔다. 서클은 판결 절차를 촉진하는데 사용될 수 있다. 또한 지역사회내에서 범죄나 반사회적 행동에 대한 거주민들의 우려를 얘기하거나, 법집행기관이나 교정기관의 구성원에 대한 불만민원들을 해결하는 데도 사용될 수 있다. 긍정적인 해결책들이 이러한 공동체 대화에 의해 생성될 수 있다. 이러한 공동체 대화는 학교에서 경미범죄를 처리하고 갈등을 해결하기 위해 시행되어 왔으며, 공동체 간의 분쟁과 증오범죄의 경우에도 시행될 수 있다.[54] 그들은 또한 보다 나은 관계를 만들고 교도소와 다른 구금시설안에서의 폭력을 감소시키는 데도 사용될 수 있다.[55] 그들은 심

---

[54] Chapman, T. and Kremmel, K. (2018), "Community in Conflict in Intercultural Contexts and How Restora\-tive Justice Can Respond", in Pali, B. and Aertsen, I. (eds.), *Restoring Justice and Security in Intercultural Europe*. Abingdon, Oxon: Routledge, pp. 144 – 163.

[55] Butler, M. and Maruna, S. (2016), "Rethinking Prison Disciplinary Processes: A potential future for restora\-tive justice", *Victims and Offenders*, 11(1), pp. 126 – 148; Nowotny, J. J. and Carara, M. (2018), "The use of restorative practices to reduce prison gang violence: Lessons on transforming cultures of violence", *Conflict Resolution Quarterly*, 36(2), pp. 131 – 144.

지어 공동체로 돌아오는 수감자들의 재통합 또는 구금기간 후에 학교로 돌아갈 청소년을 지원할 수 있다.

캐나다의 대화 서클과 선주민

"서클circles은 선주민의 세계관과 신념체계, 즉 상호연계성, 평등성, 연속성에서 중요한 원칙들을 보여준다. 전통적인 가르침에 의하면, 동물과 사람의 생명과 재생과 변화의 주기적인 패턴은 시작도 없고, 끝도 없는 원(서클)처럼 계속되었다. 서클은 포용성과 위계질서의 부재를 시사한다. 대화 서클은 완전성과 평등을 상징한다. 모든 서클 참여자들의 의견은 존중되고 경청되어야 할 필요가 있다. 모든 발언들은 직접적으로 질문과 논점들을 얘기하는 것이며, 다른 사람이 한 발언을 다루는 게 아니다. 서클에서는 원활한 서클 진행을 위하여 어떤 물건을 가진 사람만이 말할 수 있는 권리를 갖게 하는 방식으로 예를 들면 막대기, 돌 또는 깃털과 같은 물건이 사용될 수 있는데, 이러한 물건을 "토킹스틱talking stick"이라고 한다. 서클을 체계적으로 한 바퀴 순환하는 것은 모든 사람들에게 참여할 기회를 준다. 대화서클 절차는 현대 사법시스템에 적응해 왔으며, 토착의 회복적 사법을 실행하기 위한 기본틀을 제공한다. 회복적 서클에는 수많은 다른 유형들이 있다.

갈등해결 서클conflict resolution circles

이 서클 절차는 의향이 있는 개인들에게 치유환경 안에서 그들의 갈등을 적극적으로 표현할 기회를 제공한다. 이 절차는 사람들이 갈등을 범죄적 행동이 되기 전에 해결하고, 공동체에서 일어나는 갈등을 방지할 수 있게 한다. 이 서클은 1대1 또는 그룹형태로 이루어질 수 있다.

조기 개입 서클Early intervention circles

이 서클 절차는 형사절차의 기소전과 기소후의 단계에서 가해자를 위해서 설계되었다. 권고안을 만드는 것은 공동체와 피해자의 의견에 달려있는데, 그 권고안은 가해자, 그 피해자와 그 공동체를 위한 치유 프로세스를 제공할 것이다.

치유 서클Healing circles

치유 서클은 강력한 서클로, 위기를 경험했거나 회복의 과정에 지원이 필요하다고 느끼는 사람들에게 제공된다. 그 대상은 범죄의 피해자, 기소전 단계의 사람 또는 현재 수감되어 있는 사람까지 다양할 수 있다. 치유 서클은 흔히 서클 지킴이Circle Keepers(서클 진행자)에 의해 주도되며, 참여자들이 그들의 치유 프로세스에 누구를 필요로 한다고 가해자가 느끼는지에 따라 다양하게 참여가 이루어질 것이다. 여기에는 가족, 친구들, 지원자들, 피해자와 그 피해자의 지원자들이 포함될 수 있다. 치유 서클은 이들 중 한 사람이 논의할 필요가 있는 특별한 이슈 또는 다양한 문제들을 다룰 수도 있다. 대개, 공감적이고 지원적인 환경속에서 목소리를 내고, 문제에 대해 듣는 간단한 기회는 한 사람이 치유의 여정을 시작하는 데 필요한 모든 것이다. 그룹 안에서의 공유는 모든 사람이 치유를 필요로 하는 사람에게서 부담을 덜어주게 하며, 종종 서클 구성원간의 결속을 강화시킨다."

Reprinted with permission: MacKinnon, J. (2018), Bringing Balance to the Scales of Justice, Charlottetown: MCPEIIndigenous Justice Program, pp. 43-44: mcpei.ca/wp-content/uploads/2018/03/Bringing-Balance-to-the- Scales-of-Justice-Resource-Guide.pdf.

서클 절차에는 4가지 중요한 단계가 있다.

1 단계 : 특정한 사례가 서클 절차에 적합한지 결정하기
2 단계 : 서클에 포함될 당사자들 준비하기

3 단계 : 서클에서 공감받는 합의 도출하기

4 단계 : 후속 조치를 제공하고 가해자가 합의를 준수하는지 확인하기

경우에 따라, 여러 개의 서클이 있을 수 있는데, 가해자와 지지하는 사람들을 비롯해서, 피해자와 지지자들을 위한 유사한 서클, 그리고 나중에 모든 당사자들이 함께 참여하는 서클도 있다.[56]

양형 서클Sentencing circles

특정 문제들이 판결로 진행되는 때에도, 양형 서클을 통한 공동체의 의견은 매우 중요할 수 있다. 양형 서클은 법정의 안팎에서, 판사와 변호사의 참여 유무와 관계없이 이루어질 수 있다. 재판관은 서클로부터 받은 의견에 구속되지 않지만, 서클은 판결시의 법정에 중요한 정보원이 될 수 있다. 양형 서클이 가장 효과적이기 위해서는 서클 전에 무슨 정보가 있는지, 서클의 결과가 어떻게 법정에 보고되는지를 관리하는 규약protocols을 따르는 것이 중요하다.[57] 법정이 범죄 피해자가 더 이상의 피해를 받는 곳이 되지 않도록 하기 위해서는 주의를 기울여야 한다.[58] 특히 공동체의 목소리로 참여하는 사람들도 그 서클이 반영하고자 하는 가치들을 실제로 반영하는 것이 중요하다.[59] 이와 같은 규약들은 존재하고, 공동체와의 협의안에서 지역의 상황에 적용될 수 있다.

양형 서클은 사법시스템 종사자들이 공동체 구성원들과 권한과 권위를 공유하는 전체적인 틀 안에서 회복적 사법의 원칙들이 적용될 수 있는 방법을 제공한다. 양형 서클은 또한 손해배상과 처벌에 대한 넓고 다양한 방법들을 제공하며,[60] 각 범죄자의 환경, 각 사건의 요구들 그리고 공동체의 역량에 대응하는 유연한 해결책을 제공할 수 있다. 양형 서클은 공동체의 일체감을 강화하고, 치유와 문제해결 절차를 통해 피해자, 가해자 그리고 공동체 구성원들에게 힘을 부여하도록 설계되어 있다. 특히, 그 목표는 범죄로 영향받은 모든 사람들을 치유하는 것이며, 가해자와 공동체 구성원들 간의 사회적인 관계를 개선함으로써 가해자의 사회복귀와 사회적인 재통합을 촉진하는 것이다.

일부 서클은 더 넓은 공동체가 아니라, 오로지 피해자와 그들의 지원자들, 가해자, 가족 구성원들과 지원자들, 변호사와 재판관(또한 가능하고 관련있는 때, 선주민 원로 또는 지식보유자)만이 참여한다. "참가자들은 가해자를 알고, 필요한 서비스들에 대한 감각을 갖고 있는 사람들 중에서 뽑힌다. 서클 안의 사람들이 공동체를 큰 소리로 대변한다는 것은 기대하기 어렵다."[61]

캐나다에서, 양형 서클은 다양한 범죄의 성인과 청소년 범죄자들에게 사용되며, 시골과 도시환경 모두에

56   See also: Fellegi, B. and Szegó, D. (2013), *Handbook for Facilitating Peacemaking Circles*: www.euforumrj.org/ sites/default/files/2019-11/ peacemaking_circle_handbook.pdf.

57   Rudin, J. (2019), *Indigenous People and the Criminal Justice System: A practitioner handbook*, Toronto: Emond, p. 233.

58   That concern was recognized by the Royal Commission on Aboriginal Peoples. Canada, Royal Commission on Aboriginal Peoples (1996), *Bridging the Cultural Divide: A Report on Aboriginal People and Criminal Justice in Canada*, Ottawa: Supply and Services Canada, p. 269.

59   Rudin, J. (2019), *Indigenous People and the Criminal Justice System*, p. 218.

60   넓고 다양한 방법의 예들로는, Larsen, J. J. (2014), *Restorative Justice in the Australian Criminal Justice System*, Canberra: Australian Institute of Criminology.

61   Rudin, J. (2019), *Indigenous People and the Criminal Justice System*, p. 230.

서 사용되어왔다. 양형 서클은 통상 (1) 서클 절차에 참여하는 가해자에 의한 신청, (2) 피해자를 위한 치유 서클, (3) 가해자를 위한 치유 서클, (4) 양형 계획의 요소에 관한 합의를 진전시키기 위한 양형 서클, (5) 가해자의 진행절차를 점검하기 위한 사후진행 서클과 같은 다단계 절차를 포함한다.

양형 계획은 사법시스템, 공동체, 그리고 가족구성원들에 의한 합의뿐만 아니라 가해자에 의한 합의도 포함할 수 있다. 서클 자체는 대개 합의된 결과에 대한 가해자의 준수여부를 점검하고, 판결 이후에도 가해자에게 지속적인 지원을 제공하는데 관여한다.

멕시코에서 청소년을 위한 형사 사법의 통합시스템에 관한 국가법률(2016) 하에서 "회복적 서클"은 청소년 사법 시스템안에서 12세에서 18세 사이의 청소년들에게 적용하는 회복적 절차로 언급되는 3개 수단 중의 하나이다. 당사자 청소년의 책임 수용은 전제조건이 된다. 청소년 사법시스템의 담당자들, 피해자, 피해 발생 책임이 있는 청소년, 영향받은 공동체 구성원들은 회복적 서클에 모두 참여할 수 있다. 회복적 서클의 결과인 합의는 보상, 배상계획 또는 재판절차 중단을 위한 조건 제안을 포함할 수 있다.

양형 서클 외에도, 회복적 사법은 예를 들어 호주, 캐나다 및 뉴질랜드에서의 선주민 양형 법원의 자리를 잡아가고 있다. 예를 들어 호주에서는 가족 또는 친밀한 관계인 사람을 대상으로 하는 폭력의 선주민 가해자에게 판결을 하는 선주민 양형 법원이 있다. 판결선고 심리에서 피해자와 공동체 구성원들의 참여는 가능하다. 그 절차는 양형 계획 또는 정식 판결의 일부가 되는 "치유계획"으로 연계될 수 있다. 선주민 양형 법원은 보다 문화적으로 적합한 절차를 제공함으로써 소통과 공동체 참여를 증가시켰고 보통 그들의 공동체 구축 목표를 달성하고 경우에 따라서는 공동체와 사법시스템 간의 관계를 개선한다.[62]

회복적 프로그램들과 아동·청소년

회복적 소년사법은 효과적이고, 공정하고 아동친화적인 소년사법 시스템의 핵심요소이다. 많은 프로그램들이 소년사법 시스템의 일부로 또는 학교나 공동체 등 그 외부에서 발전되어 왔다. 이들 프로그램들은 공식적인 기피나 범죄화를 통해 청소년을 낙인찍지 않고 경미범죄나 갈등에 대한 점진적이고 교육적인 대응을 제공한다. 많은 국가들에서 이러한 프로그램들은 법률과 갈등상황에 놓인 청소년들에 대한 공동체의 보살핌을 창출하는 독특한 전망들을 제시한다. 또한 청소년의 자유를 박탈하는 조치들에 대한 대안으로써 다이버전적인 수단들을 활성화시키기 위한 기회를 제공한다. 더욱이 이들 프로그램은 가해자의 가족을 포함하는 기회를 제공한다.[a]

「아동의 권리에 관한 협약The Convention on the Rights of the Child, CRC」 제40조 3항은 국가가 형법 위반의 혐의를 받고, 기소되거나 인정된 아동들에게 특별히 적용될 수 있는 법률, 절차, 기관 및 시설의 제정·설립을 활성화하여야 한다고 규정하고 있다.[b] 2007년, 아동권리위원회는 소년사법과 관련하여 아동의 권리에 관한 구체적인 지침을 마련하였는데, 이 지침은 국가가 법률과 갈등상황에 놓인 아동들에게 이 아동들의 최선의 이익뿐만 아니라 전반적으로 사회의 장단기간의 이익에도 기여하는 효과적인 방식으로 대응하기 위하여 다이버전과 회복적 사법과 같은

---

62 Chapman, T. and Kremmel, K. (2018), "Community in Conflict in Intercultural Contexts and how Restora\-tive Justice can Respond"; Marchetti, E. (2015), "An Australian Indigenous-Focused Justice Response to Intimate Partner Violence: Offenders' Perceptions of the Sentencing Process", *British Journal of Criminology*, 55 (1), pp. 86–106; Marchetti (2017), "Nothing Works? A Meta-Review of Indigenous Sentencing Court Evaluations"; Marchetti, E. and Daly, K. (2017), "Indigenous Partner Violence, Indigenous Sentencing Courts, and Pathways to Desistance", *Violence Against Women*, 23(12), pp. 1513–1535; Morgan, A. and Louis, E. (2010), *Evaluation of the Queensland Murri Court: Final Report*, Canberra: Australian Institute of Criminology.

대안적 수단들을 사용할 것을 더욱 권장하였다.[c] 아동의 최선의 이익을 우선하는 원칙에 기반한 아동권리위원회는 아동 범죄자child offender를 다루는 데 있어서 억압과 응보와 같은 형사 사법의 전통적인 목적들은 사회복귀와 회복적 사법 목적들에게 길을 내주어야 한다고 결론을 내렸다.[d] 2019년, 아동권리위원회는 당사국들이 회복적 사법 수단들을 포함한 구속적이 아닌 수단들의 사용과 이행에 대한 광범위한 경험으로부터 혜택을 받고, 그러한 수단들을 그들 국가의 문화와 전통에 적용함으로써 이행하여야 한다고 규정하였다.[e]

교육적이고 발달적인 관점에서 보면, 회복적 사법 접근방식을 적용하는 이점은 확실하다. 아동 권리의 관점에 근거할 때, 회복적 사법절차는 자발적이고, 비적대적인 문제해결 절차를 통해 범죄를 저지른 아동들의 책임감과 재통합을 증진시킬 수 있다. 그 절차 자체가 대단한 교육적 가치가 될 수 있다.

지난 15년간, 소년사법의 맥락에서 회복적 사법의 사용은 형사 사법절차의 대안 또는 다이버전 시책으로써 전례없는 성장을 하였다.[f] 이것은 아동들의 발달상 필요성, 인권 그리고 법적 보호장치들에 대한 관심이 높아지는 상황에서 소년사법에 관한 패러다임 전환을 반영하는 것일 수도 있다. 그러나 안타깝게도, 회복적 사법이 차지하는 영역은 소년사법시스템의 핵심적이고 더 선호되는 영역이 되지 못하고 여전히 그 경계에 머물러 있다.[g]

아동들을 포함하는 사건들에서 회복적 사법의 적용방식들은 다양하다.[h] 일부 국가들에서, 회복적 사법은 경미범죄에 해당하는 젊은 범죄자들을 다루는 거의 정례화된 절차가 되었다.[i] 그러나 호주 남부에서, 회복적 사법 회합은 젊은 사람이 범죄 전력이 없거나 경미범죄에만 해당하는 조건으로, 1990년대 이후 보다 심각한 범죄들에 대해 사용되어 왔다.[j] 일부 국가들은 회복적 사법의 사용을 그들 국가의 예심부터 사회적 재통합까지의 법적 절차의 다양한 단계에서 허용하기 위한 소년사법 법률 제정의 입장을 취하였으며, 회합, 피해자-가해자 조정 등과 같은 다양한 모델들을 통해 이러한 프로그램들을 전수한다. 이들 프로그램 중 많은 부분이 전국적으로 시행되었다.

회복적 사법절차들은 아동들의 안전을 보장하고, 권리를 존중하고, 아동의 최선의 이익 원칙에 부합하는 방식으로 시행되어야 한다.[k] 사법심사에 속하는 절차와 그 산출물 만들기는 아동의 권리가 존중되고, 그 절차가 법적으로 기능하는 것을 보장할 수 있다.[l] 그러나 실제로는, 그러한 감독 메커니즘의 존재는 표준이 아니라 예외로 나타난다.[m]

회복적 소년사법 프로그램들의 효과에 관한 증거는 아직도 천천히 쌓이고 있는 중이다. 가해자의 재범과 피해자의 만족도에 관한 회복적 사법의 효과에 대한 평가는 이들 프로그램이 비록 그 효과는 작지만, 유의미하다고 결론을 내렸다.[n] 그러나 4개의 임의추출된 비교실험에 관한 다른 평가는 이들 프로그램이 효과적이었는지 여부를 판단할 충분한 고품질의 증거는 아직까지 없다고 결론을 지으면서, 조정이후 재범율의 관점에서 회복적 사법 회합에 참여한 사람들과 일반 사법 절차에 참여한 사람들간에 차이가 없다는 것을 나타내었다.[o] 회복적 사법 프로그램 참여자들과 보다 전통적인 방식의 절차에 참여한 참여자들에 대해 비교하는 연구들에 대한 최근의 메타분석 평가는 장래의 비행행위 감소와 다른 비행없는 결과라는 관점에서 청소년 참여자들에게 가능하지만, 여전히 불확실한 이점들이 있다고 결론지었다.[p]

a   Hamilton, C. and Yarrow, E. (2016), "Preventing and addressing youth offending: Restorative justice and family focused programming", in Kury, H., Redo, S. and Shea, S. (eds.), *Women and Children as Victims and Offend\~ers*, Zurich: Springer, pp. 301 – 339.

b   Convention on the Rights of the Child, 20 November 1989, United Nations Treaty Series, vol. 1577, p. 3.

c   Committee on the Rights of the Child (2007), General Comment No. 10 (2007) on children's rights in juvenile justice, CRC/C/GC/10, paras. 3 and 10.

d   위 해설서, para 10; 동지 Committee on the Rights of the Child (2013), General comment No. 14 (2013) on the right of the child to have his or her best interests taken as a primary consideration (art. 3, para. 1), CRC/C/GC/14, para. 28.

e   Committee on the Rights of the Child (2019), General Comment No. 24 (2019) on children's rights in juvenile justice, CRC/C/GC/24, para. 74.

f Dünkel, F., Horsfield, P. and Păroşanu, A. (eds.) (2015), Research and Selection of the Most Effective Juvenile Restorative Justice Practices in Europe: Snapshots from 28 EU Member States, Brussels: International Juvenile Justice Observatory.

g Crégut, F. (2016), The Restorative Approach to Juvenile Justice, Lausanne: Terre des Hommes, p. 15.

h Office of the Special Representative of the Secretary General on Violence against Children (2016), Promot\-ing Restorative Justice for Children, New York: United Nations.

i Bazemore, G. and McLeod, C. (2011), "Restorative Justice and the Future of Diversion and Informal Social Control", in Weitekamp, E.G.M., and Kerner, H.-J. (eds.), Restorative Justice: Theoretical foundations, London: Routledge, pp. 143 – 176.

j Hayes, H. and Daly, K. (2004), "Conferencing and Re-offending in Queensland", The Australian and New Zealand Journal of Criminology, 37(2), pp. 167 – 191.

k International Juvenile Justice Observatory (2018), Implementing Restorative Justice with Children: Practical guide, Brussels: IJJO: www.oijj.org/sites/default/files/implementing_practical_guide_eng.pdf.

l Office of the Special Representative of the Secretary General on Violence Against Children (2013), Promot\-ing Restorative Justice for Children, New York: United Nations.

m 어린이와 청소년에 관한 회복적 사법에 대한 더 많은 자료를 위해 다음을 참조. Chapman, T., Anderson, M. and Gellin, M. (2015), Protecting Rights, Restoring Respect and Strengthening Relationships: A European model of restor\-ative justice with children and young people, Brussels: International Juvenile Justice Observatory.

n Strang, H. et al. (2013), Restorative Justice Conferencing (RJC) Using Face-to-Face Meetings of Offenders and Victims.

o Livingstone, N., Macdonald, G. and Carr, N. (2013), Restorative justice conferencing for reducing recidivism in young offenders (aged 7 to 21), The Cochrane Library, Issue 2, Art. No. CD008898.

p Wilson, D.B., Olaghere, A. and Kimbrell, C.S. (2017), "Effectiveness of Restorative Justice Principles in Juve\-nile Justice: A Meta-Analysis. Department of Criminology", Law and Society, George Mason University, p. 41.

학교에서의 회복적 실천

회복적 사법의 교육적, 발전적 및 관계 지향적 관점들은 특히 교육적 맥락에서 구현하기 적합하다. 따라서 회복적 사법 프로그램들은 아동이 그들의 발달기에 상당히 많은 시간을 보내는 현장에서 시행될 수 있고, 범죄 예방전략의 일부가 될 수 있다. 학교에서의 회복적 실천은 학교에서 발생하는 경미범죄를 다루고, 미래위험부담을 감소시키는 상승작용의 기회를 제공한다.

회복적 사법은 학교에서의 안전성과 소속감을 증진시키면서도 효과적인 문제해결 절차를 가르칠 수 있는 능력으로 가치를 인정받고 있다.[a] CRC 제28조 (2)항에서 당사국은 "학교규율이 아동의 인간존엄성과 일치하고, 본 협약에 부합하는 방식으로 운영되는 것을 보장하기 위한 모든 적합한 조치를 취하여야 한다"고 규정하고 있다.

학교에서의 회복적 사법의 사용이 증가하고 있으며,[b] 그 증가의 상당 부분은 아동들의 비행에 대한 엄한 징벌적인 조치들의 영향에 대한 우려에서 비롯된다.[c] 실제로 학생들은 대개 다양한 수준의 낙인과 처벌을 포함하는 다른 유형의 징계절차보다 공정한 회복적 사법절차를 선호한다.

많은 학교기반의 회복적 사법 프로그램들을 대표하는 회복적 활동 원칙은 다음 사항을 강조한다.

- 규칙 위반보다는 관계적 손상을 다루기
- 다른 사람의 행동에 의해 상처입은 사람, 상처를 준 사람 그리고 주변 공동체가 의미있는 해결책을 개발할 수 있도록 학교공동체의 구성원들이 서로 대화하는 방법 만들기
- 존중하고 성장시키는 공동체 활성화하기[d]

이러한 접근방식은 학교의 관심을 행동 관리에서 관계의 구축, 육성, 회복에 대한 집중으로 전환하려는 시도와 일치한다.[e]

학교들은 왕따, 협박, 괴롭힘을 그만두게 하고, 학생들에게 효과적인 문제해결 기술들을 가르치기 위해 회

복적 사법 프로그램들을 사용하기도 했다. 회복적 사법절차는 이와 같이 법집행의 발동과 형사 사법적 개입을 피하면서, 학교내에서 발생하는 경미한 범죄(예를 들면, 싸움, 육체적 왕따, 경미절도, 학교기물 파괴, 용돈 강탈, 교사들의 왕따)를 다루기 위한 일부 경우에 사용되고 있다.

플랑드르 지역의 청소년 보호 시스템은 학교에서의 비행의 심각한 문제들을 다루기 위해서 회복적 회합을 사용하고 있다. 이 건설적인 접근방식은 중대한 사건에 대한 적시성있는 대응과 회복적 방식이 학생들과 직원 모두에게 유해한 학교환경을 만들어내는 것을 피하게 할 수 있음을 인정한 것이다.

이 적극적인 전략의 또 다른 동기는 문제학생에게 더 큰 위험을 만들어내는 낙인이나 배제적인 전략의 사용이나, 남아있는 학교 주체에게 더 큰 피해 확대의 기회를 피하도록 하는 것이다.[f]

a   Vázquez Rossoni, O. (2015), Manual de Herramientas en Prácticas y Justicia Restaurativa, Observatorio Inter\-nacional de Justicia Juvenil, Bogotà, Colombia.

b   Payne, A.A. and Welch, K. (2018), "The Effect of School Conditions on the Use of Restorative Justice in Schools", Youth Violence and Juvenile Justice, 16(2), pp. 224 – 240; Drewery, W. (2016), "Restorative Practice in New Zealand Schools: Social development through relational justice", Educational Philosophy and Theory, 48(2), pp. 191 – 203.

c   Fronius, T., Persson, H., Guckenburg, S., Hurley, N. and Petrosino, A. (2016), Restorative Justice in U.S. Schools: A research review, WestEd Justice and Prevention Research Centre.

d   Vaandering, D. (2014), "Implementing Restorative Justice Practice in Schools: What pedagogy reveals", Journal of Peace Education, 11 (1), pp. 66 – 72. See also: González, T., Sattler, H. and Buth, A.J. (2019), "New directions in whole-school restorative justice implementation", Conflict Resolution Quarterly, 36 (3), pp. 207 – 220.

e   Hopkins, B. (2004), Just Schools: A whole-school approach to restorative justice, London: J. Kingsley Publish\-ers; Norris, H. (2019), "The impact of restorative approaches on well-being: An evaluation of happiness and engagement in schools", Conflict Resolution Quarterly, 36(3), pp. 221 – 234.

f   Burssens, D. and Vettenburg, N. (2006), "Restorative Group Conferencing at School: A constructive response to serious incidents", Journal of School Violence, 5(2), pp. 5 – 17; Morrison, B. (2007), Restoring Safe School Communities: A whole school response to bullying violence and alienation, Annandale, Australia: Federation Press. See also: Lustick, H. (2017), "Making Discipline Relevant: Toward a theory of culturally responsive positive schoolwide discipline", Race Ethnicity and Education, 20(5), pp. 681 – 695; Mackey, H., and Stefkovich, J.A. (2010), "Zero Tolerance Policies and Administrative Decision-making: The case for restorative justice-based school disci\-pline reform", Advances in Educational Administration, 22, pp. 243 – 262.

키마와 청소년 또래 법정 THE CHEMAWA YOUTH PEER COURT

오레곤주에서, 미국연방 검찰국은 키마와 인디언 학교의 "청소년 또래 법정 프로그램"에서 고교생 45명을 대상으로 상호작용적인 또래 법정 훈련 프로그램을 조직했다. 키마와 청소년 또래 법정은 초범으로 혐의를 받는 아동들이 공식적인 소년법원 절차에서 비공식적인 또래 기반의 절차로 전환시키도록 설계되어 있다. 그것은 토착적인 사법 시스템과 관습에 뿌리를 둔 회복적 사법 원칙들을 사용하여 문화적으로 적절한 환경에서 발생한다. 또래 법정의 일원인 청년은 공동체 구성원의 범죄적 행동에 의해 피해를 당한 공동체를 대표한다. 일단 한 아동이 그들이 저질렀다고 시인하는 낮은 수준의 범죄의 해결을 위한 또래 법정의 관할권에 따르기로 한다면, 또래법정은 피해자와 문제 청소년 양측을 포함한 적절한 해결책에 관하여 판사에 대한 권고사항을 마련한다. 결과적인 책임 합의는 피해자와 공동체 관계를 회복하고, 아동이 학교공동체로 재통합하는 것을 목적으로 한다. 자신의 범죄로 인해 또래 법정에 서게 된 아동은 이후 다른 누군가의 책임합의를 위한 또래법정에 참여하도록 요구받는다. 책임 방법들은 사건의 환경에 따라 다양하고, 손해배상, 자원봉사, 사과 편지, 본인의 직접 사과 또는 공개 사과들을 포함할 수 있다.

3.3 준準회복적 사법절차들

특히 그 참여적 측면에서, 피해자의 참여를 필수적으로 포함하지는 않는 회복적 사법 접근방식의 다른 적용들은 수년에 걸쳐 나타났다. 이 중 3개에 대하여 이하에서 간단히 기술한다.

공동체 패널과 위원회

공동체 사법 패널 또는 위원회는 젊거나 낮은 단계의 범죄자들이 공동체 사법의 목적으로 훈련받은 공동체 대표들의 그룹에게 직접 책임지도록 하는데 사용된다.[63] 대부분 다이버전 메커니즘으로 사용되는 이들 절차는 자신들의 범죄에 대한 책임을 수용하는 가해자들에게 책임을 지고, 피해자와 공동체의 피해와 요구들을 다루는 기회를 제공하는 것을 목표로 한다. 그것은 의사결정에 있어서 강력한 공동체 참여에 근거한 회복적 결과를 목표로 하는 절차이다. 위원회 구성원들은 가해자가 주어진 시간 내에 해야 할 특정한 활동에 대한 합의에 도달할 때까지 가해자와 논의할 일련의 제재조치안을 마련한다. 결과적으로, 가해자는 합의 조건을 이행하는 자신의 진행사항을 기록으로 작성해야 한다. 약속된 기간이 지난 후에, 위원회는 가해자가 합의된 제재조치들을 준수했는지에 대하여 법정에 보고서를 제출한다.

지원과 책임의 서클Circles of support and accountability, COSA

지원과 책임의 서클은 재통합하고, 성범죄를 포함한 고위험행동의 위험요소들을 관리하기 위하여 많은 국가들에서 사용되어 왔다.[64] 이들 서클은 멘토로써 범죄자들과 매일 접촉하는 자원봉사자들의 그룹을 포함하는데, 자원봉사자들은 지원을 제공하면서도 한편으로는 다른 사람들에게 더 큰 피해의 위험을 피하기 위한 의무를 가해자들에게 상기시켜주기도 한다.[65] 이러한 접근방식은 다른 유형의 범죄자들에게도 적용될 수 있다.[66] 일반적으로 서클은 관계 구축, 평화 유지, 트라우마 치료(특히 치유 서클) 및 문제해결의 유연하고 효과적인 수단으로 입증되었다.

피해자 대리 프로그램

실제로 회복적 사법 프로그램들은 때로는 소위 피해자없는 범죄 또는 개인에게 어떠한 직접적 피해나 손실이 없는 범죄(예를 들어, 공공자산의 훼손, 규제약물의 소지)를 다루어야 한다. 또한 피해자들이 그들이 피해를 당했다는 것을 알지 못하거나, 부재중이거나 추적할 수 없거나, 또는 컴퓨터이용사기와 같이 다른 나라에서 피해를 당한 경우도 있다. 마지막으로, 피해자가 개인이 아닌 기업체인 경우도 있다. 회복적 사법 프로그램들은 피해

---

63 예를 들면, the Vermont Reparative Probation Program of the Vermont Department of Corrections. Sinkinson, H.D. (1998), "A Case Study of Restorative Justice: The Vermont Reparative Probation Program", in Walgrave, L. (ed.), *Restorative Justice for Juveniles: Potentialities, Risks and Problems*, Leuven: Leuven University Press.

64 Brown, R.E. and Dandurand, Y. (2007), 'Successful Strategies that Contribute to Safer Communities', in Maio, S. (ed.), *Selected Papers on Successful Crime Reduction and Prevention Strategies in the Urban Context*, Riyadh (Saudi Arabia): Naïf Arab University for Security Sciences (NAUSS), pp. 77–88.

65 Thompson, D. (2016), "From Exclusion to Inclusion: The role of circles of support and accountability", *Prison Service Journal*, No. 228, pp. 35–40.

66 Chapman, T. and Murray, D. (2015), "Restorative Justice, Social Capital and Desistance from Offending", *Revista de Asistenț Social*, anul XIV, nr. 4, pp. 47–60.

자들의 목적을 위해 예를 들어 대리 피해자, 유급 배우, 기업 또는 공공기관의 공식 대표자를 사용함으로써 피해자의 개념을 "운용할 수 있는" 다른 방법을 발견했다. 다양한 이유로 피해자들이 회복적 절차에 직접적으로 참여하기를 원하지 않거나, 할 수 없는 경우, 피해자 대리가 피해자를 대신하여 그 절차에 참여하는 것을 허용하도록 프로그램이 설계되어도 된다. 어떤 경우에는 피해자가 자신의 요구를 반영하고, 피해자의 관점을 회복적 절차에 전달하기 위하여 자신을 대신해 행동할 대리인을 선택하는 기회를 갖는다.

다른 경우에는 가해자들이 그들이 피해자들에게 저지른 같은 피해에 대해 더 잘 이해를 하고 그들의 경험을 다른 가해자들과 함께 다루기 위해 유사하지만 관련이 없는 범죄의 피해자를 만난다. 이 두 번째 유형의 프로그램은 교도소에서 또는 사회복귀 프로그램의 일부로 가장 빈번하게 사용된다. 국제교도협회Prison Fellowship International에 의해 개발된 기독교인 중심의 뽕나무 프로젝트Sycamore Tree Project는 이러한 프로그램의 유명한 사례이다. 다른 비종교 또는 다종교 그룹들도 다른 장소에서 유사한 프로그램들을 운영하고 있다.

뽕나무 프로젝트 Sycamore Tree Project **– 피해자 인식 프로그램**

뽕나무 프로젝트는 세계의 수많은 나라들의 교도소에서 사용되는 5-8주간의 피해자 인식 프로그램이다. 회복적 사법 원칙에 기반한 이 프로그램은 가해자들이 관련이 없는 범죄의 피해자를 만나 경험을 공유하고 범죄의 영향을 이해할 기회를 제공한다. 세션은 교사 주도의 발표와, 참여자들의 관찰과 경험들이 공유되는 것을 통해 촉진된 소그룹활동의 혼합으로 구성된다.[a] 대면 만남은 범죄의 영향에 대한 보다 깊은 이해를 촉진하고, 책임, 회복, 배상 및 치유에 대한 대화의 길을 열어준다.

a   Parker, P. (2016), "Restorative Justice in Prison: A contradiction in terms or a challenge and a reality?", Prison Service Journal, No. 228, pp. 15 – 20.

3.4 형사 사법제도에서 회복적 정의 접근법의 다른 응용

형사문제에서 회복적 사법에 관한 회원국들에 대한 EU 이사회 권고 CM/Rec(2018) 8은 다음 사항을 인정하고 있다.

> "회복적 원칙들과 접근방식들은 형사 사법시스템 안에서 사용될 수도 있다. 예를 들어 이러한 것들은 시민들과 경찰관들 간, 수용자들과 교도관들 간, 수용자들 간 또는 보호관찰 직원들과 그들이 감독하는 범죄자들간에 갈등이 있는 곳에 적용될 수 있다. 또한 사법당국 또는 형사 사법기관들 내에서의 직원 간 갈등이 있는 곳에 적용될 수 있다."[67]

충분한 주목을 받지 못했을 수도 있는 회복적 사법의 응용 프로그램 중 하나가 특히, 경찰과 교도소와 같은 형사 사법시스템 안에서 불만, 갈등, 위법행위를 다루는 응용프로그램이다. 그럼에도 이러한 맥락에서 조정과 회복적 사법의 사용은 꾸준히 성장해왔다. 회복적 사법은 경찰관에 대한 시민의 불만을 해결하는데 적용되어 왔는데, 경찰관들, 시민 불만, 경찰 책임, 지역공동체 경찰활동, 민원처리절차 자체의 효율성, 그

---

67   Council of Europe's Recommendation CM/Rec(2018)8 of the Committee of Ministers to Member States concerning restorative justice in criminal matters, Rule 60.

리고 법집행 및 사법 기관들에 대한 공공의 신뢰에 대해 잠재적인 이점이 있다.[68] 그러나 경찰 위법행위 사례들에 대한 조정에는 장애가 있을 수 있고 모든 형태의 시민 불만들에 적합하지 않을 수도 있다.[69] 게다가 경찰관과 경찰 기관은 그 절차에서 다른 이해관계를 가질 수도 있다. 절차 진행의 독립성과 공정성은 그 절차의 신뢰성과 효과성의 관건이며 진행자들과 조정자들에게는 특정한 훈련이 필요할 수도 있다.

경찰 위법행위 문제 또는 경찰관에 대한 다양한 형태의 민원들을 처리하는데 있어서 조정과 회복적 사법의 몇 가지 성공적인 응용 사례들이 있다. 예를 들어, 뉴올리언즈 경찰국의 공공 청렴국Public Integrity Bureau은 전통적인 민원 조사 절차의 대안으로써 부서 직원과 지역사회 구성원들간의 관계를 개선하기 위한 프로그램을 시행했다. 조정은 사람들이 자기 생각을 말하고, 다른 사람들의 말을 들으며, 그들 스스로 발전적인 합의에 이르게 되는 기회를 제공한다. 호주의 뉴사우스 웨일즈, 노던 테리토리 등의 일부 주에서는 조정과 회복적 사법 프로그램을 공공 민원 해결의 대안으로 그리고 때로는 보다 효과적이고 경제적인 수단으로 시행하여왔다.[70] 대부분의 경우, 이들 프로그램은 경찰에 대한 공중 민원에 접수와 대응을 담당하는 옴브즈맨 사무소 또는 다른 독립기관에 의해 관리된다. 일부에서는 조정은 다른 공무원들에 대한 경찰관에 의한 민원을 해결하기 위해서도 사용된다.

마찬가지로 회복적 사법은 수용자들 간 또는 수용자들과 교도관들 간의 문제를 해결하기 위하여 교도소에서 적용될 수 있다.[71] 교정시스템안에서 회복적 사법의 사용은 친사회적 관계, 책임과 존중을 장려하는 환경 조성에 기여할 수 있다. 유엔의 수용자 처우를 위한 표준 최소규칙(일명, 넬슨 만델라 규칙the Nelson Mandela Rules)은 교도소 운영당국들이 갈등 방지, 조정 또는 다른 대안적인 분쟁해결 메카니즘을 징계적인 범죄를 방지하고, 갈등을 해결하기 위하여 사용할 것을 권장한다.[72] 유럽의 교도소 규칙에 관한 EU 이사회 권고 R(2006) 2는 수용자들의 불만과 요구사항들을 다룰 때뿐만 아니라, 수용자들과의 분쟁과 수용자들 사이의 분쟁을 해결하기 위하여 회복과 조정의 중요성을 강조한다.[73, 74]

어떤 경우에는, 회복적 절차는 훈련된 수용자에 의해 진행될 수 있다. 수용자가 진행한 조정은 교도소 폭력을 감소시키고, 기본적인 삶의 기술들을 같은 수감되어 있는 수용자들에게 가르치는데 도움을 준다.[75] 또 다른 예로는 훈련된 조정자들이 활용된다.[76] 헝가리의 시범사업에서는 회복적 사법 모임들이 징계절차에

---

68 Walker, S., Archbold, C. and Herbst, L. (2002), *Mediating Citizen Complaints Against Police Officers: A guide for police and community leaders*, U.S. Department of Justice, Office of Community Oriented Police Services, Wash\–ington, DC: Government Printing Office.

69 Young, S. (2017), "Mediating Civil Rights Cases Against Police Officers", *SideBar*, Spring 2017, pp. 13 – 15.

70 Porter, L. and Prenzler, T. (2012), *Police Integrity Management in Australia: Global Lessons for Combating Police Misconduct*, New York: CRC Press; Prenzler, T. (2009), *Police Corruption: Preventing Misconduct and Maintaining Integrity*, New York: CRC Press.

71 Gaboury, M.T. and Ruth–Heffelbower, D. (2010), "Innovations in Correctional Settings", in Dusich, J.P.J. and Schellenberg, J. (eds.), *The Promise of Restorative Justice*, London: Lynne Reinner, pp. 13 – 36; Butler and Maruna (2016), "Rethinking Prison Disciplinary Processes".

72 General Assembly resolution 70/175 of 17 December 2015, annex.

73 Council of Europe (2006), Recommendation No. R(2006)2 of the Committee of Ministers to Member States concerning the European Prison Rules, 11 January 2006, Strasbourg, Rule 56.2.

74 위의 권고, Rule 70.2.

75 Kaufer, L., Noll, D.E. and Mayer, J. (2014), "Prisoner Facilitated Mediation Bringing Peace to Prisons and Communities", *Cardozo Journal of Conflict Resolution*, 16, pp. 187 – 192.

76 Restorative Justice Council (2016), *Restorative Justice in Custodial Settings*, London: RJC.

대한 대안으로써 보통 경미한 물리적 폭행 또는 위협과 같은 작은 갈등들을 해결하는데 이용되었다. 대부분의 경우 회복적 회합 방법은 수용자들, 교정교육담당자들, 영향받은 공동체의 구성원들과 같은 관계된 가능한 많은 사람들이 갈등의 원인과 결과, 그리고 개인적인 책임의 측면에서의 의미에 대해서 논의하고 피해 복구를 위해 제안된 해결방안들을 함께 만들어내도록 장려되는 경우에 적용되었다.[77]

주요 사항 요약

1. 회복적 사법은 범죄에 대한 유연한 접근으로 형사 사법 시스템에 적용될 수 있고, 보완할 수 있다. 또한 형사 사법절차의 모든 단계에 적용될 수 있다. 회복적 사법은 형사 사법절차와 다양하게 결합하거나 독립적으로 기능할 수 있다.

2. 회복적 사법절차에는 피해자–가해자 조정^{VOM}, 회합^{conferences}, 서클^{circles}이라는 3개의 주요 형태가 있다.

3. 피해자–가해자 조정 프로그램은 피해자와 가해자가 조정 훈련을 받은 공정한 제3의 조정자의 도움을 받아 범죄와 그 영향에 대하여 대면 모임 또는 간접적 방식을 통한 대화에 참여하는 절차를 제공한다.

4. 공동체 회합, 가족집단회합과 같은 회복적 회합은 주된 피해자와 가해자보다 많은 당사자들이 참여한다는 점에서 피해자–가해자 조정프로그램과 다르다.

5. 회합 모델에서는 범죄의 영향받은 가족구성원, 친구, 공동체대표와 같은 사람들, 그리고 프로그램에 따라서는 경찰 또는 기타 전문가들이 회합의 진행자 역할을 하는 공정한 제3자에 의해 함께 모인다.

6. 서클 절차의 사용은 현대 형사 사법 시스템에 맞게 조정되어왔다. 서클 절차는 재판 절차를 촉진하는 데 사용될 수 있다. 또한 지역사회 내에서 주민들의 범죄 또는 반사회적 행동에 대한 우려를 얘기하고, 법집행기관 또는 교정기관의 구성원들에 대한 불만을 해결하는 데 사용될 수 있다. 이러한 공동 대화를 통해 적극적인 해결책들이 만들어질 수 있다.

7. 회복적 소년 사법은 효과적이고 공정하고 아동친화적인 소년 사법시스템의 핵심요소이다. 소년 사법에서 회복적 사법의 사용은 형사 사법절차의 대안으로 또는 다이버전 체계의 일부로 전례없는 성장을 하여 왔다. 이들 프로그램은 관습적인 왕따나 범죄자 간주를 통한 낙인찍기없이 범죄나 갈등에 대해 발전적이고 교육적인 대응을 제공한다. 이러한 프로그램들은 법과 충돌하는 청소년에 대한 돌봄 공동체를 만드는 특별한 기회를 제공할 수 있다.

8. 회복적 소년 사법절차는 아동의 안전을 보장하고, 권리를 존중하고, 아동의 최고이익 원칙에 부합하는 방식으로 실행되어야 한다.

9. 회복적 사법 접근은 형사 사법 시스템 내에서도 형사절차의 밖에서도 사용될 수 있다. 회복적 사법은 경찰에 대한 특정 유형의 불만들을 성공적으로 해결하는데 적용된다. 비슷하게, 조정^{mediation}도 교도소에서 수감자들 간 또는 수감자들과 교도관들 간의 이슈들을 해결하는 데 적용될 수 있다.

---

[77] Szegő, D. and Fellegi, B. (2012), "The Face Behind the Fence: Conflict management within the prison and beyond", in Barabás, T., Fellegi, B. and Windt, S. (eds.), *Responsibility-taking, Relationship-building and Restoration in Prisons*, Budapest: P–T Műhely, pp. 89 – 150.

4. 각 형사절차에서의 회복적 사법 프로그램

비록 기존 법률의 개정을 요하는 경우도 있으나, 회복적 사법은 모든 형사 절차에서 적용될 수 있다. 회복적 사법절차는 (a) 소송 이전의 수사단계에서 다이버전으로서, (b) 판결 선고 절차 그리고 (c) 판결 선고 이후 형을 집행하거나 석방할 때 징역형을 대체하여 비구금형의 일부 또는 이에 부가하는 방법으로 활용될 수 있다. 각 형사절차에서, 담당 공무원에게는 재량권이 인정되고, 회복적 사법 프로그램으로 회부할 수 있다(아래 그림 1 참조)

[그림 1] 형사절차에 의하지 않은 사건

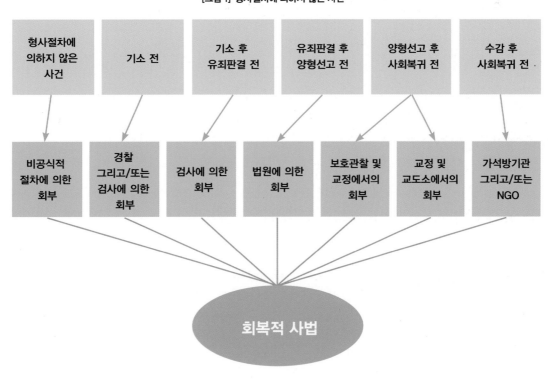

4.1 기소 전 다이버전 Pre-charge diversion

회복적 사법 프로그램은 기소 전 또는 기소 후 유죄판결 전의 단계에서 형사 절차를 대체하거나 형사 절차를 종결짓는 데에 종종 활용된다. 모든 회복적 사법 프로그램은 이 단계에서 적용될 수 있다. 대체적으로, 낙인 효과를 줄이고, 참가를 유도하며, 범죄에 효율적으로 대응하는 것을 주된 목적으로 하고 있다. 위와 같은 회복적 사법 프로그램은 위법성의 정도가 낮은 범죄, 소년범, 초범을 주로 대상으로 한다. 범죄의 특성상 직접적인 피해자 또는 개별적인 피해자가 없거나, 피해자가 입은 피해의 정도가 경미한 경우도 있어 피해자가 반드시 절차에 참여하게 되는 것은 아니다. 회복적 사법 프로그램은 오랜 기간 동안 운영되어 왔고, 위 회복적 사법 프로그램은 초범과 위법성의 정도가 경미한 가해자의 재범을 경감시킨 것으로 확인되었다.

몇몇의 경우, 경찰공무원은 가해자의 측면에서 책임수용을 요청하고, 가해자 · 피해자 · 제3자에게 공정하다고 평가되는 회복적 사법을 활용하도록 양성되고 있다. 회복적 사법은 전반적인 범죄 예방과 지역공동체의 경찰 전략에 있어서 필수불가결한 요소가 될 수 있고, 또한 경찰—지역공동체의 연대를 강화하는 데에 도움을 줄 수도 있다.[78] 많은 국가에서는 경찰에 의한 회복적 사법 프로그램의 수가 급격하게 증가하고 있고, 경찰의 회복적 사법 프로그램에 대한 지원 또한 증가하고 있다. 경찰공무원들은 그들의 업무가 더 부가되더라도 회복적 사법에 따른 접근방법을 지역공동체의 경찰행정(경찰작용)으로서 긍정적으로 검토하여 수용하고 있다.[79]

기소 전 또는 유죄 판결 전 단계에서 회복적 사법 프로그램에 관한 주된 문제는 충분한 지원(보조)를 확보하는 데에 어려움이 있음은 차치하더라도 회복적 사법 프로그램에 회부하는 수 자체가 부족하고 회복적 사법에 접근하기 위한 지원이 줄어들고 있다는 점에 있다.

4.2 공판과 판결 선고 단계│Trial and sentencing stage

회복적 사법 프로그램은 공판과 판결 선고의 단계에서 활용될 수 있다. 회복적 사법 프로그램은 판결 선고 절차 중 양형 써클과 다양한 방식으로 결합되기도 하고, 공식적인 판결 선고 절차에서 회복적 사법의 원칙이 적용되는 지역 법원에 의해 활용되기도 한다. 법원은 사건을 지역 공동체에 기반을 둔 회복적 사법 프로그램에 회부하기 위하여 판결 선고를 연기하거나 중단할 수 있다. 회복적 사법절차에 의한 결과는 최종 판결에 영향을 미치게 된다. 중단하였던 판결 선고를 다시 집행하는 경우에는 법원의 감독을 받기도 한다.[80]

4.3 판결 선고 이후│Post-sentencing

다이버전의 일환으로서 이루어지는 회복적 사법이 중한 범죄에는 적합하지 않으나 이러한 제한이 판결

---

78   Weitekamp, E., Kerner, H. and Meier, U. (2003), "Community and Problem—Oriented Policing in the Context or Ferstorative Justice", in Weitekamp, E. and Kerner, H. (eds), Restorative Justice in Context: *International practice and directions*, Cullompton:Willan, pp. 304—326

79   Gavin, P. and MacVean, A. (2018), "Police Perceptions of Restorative Justice : Findings from a small—scale study", *Conflict Resolution Quarterly*, 36(2), pp 115—130:, Clamp, K. and Paterson, C. (2017), *Restorative Policing: Concepts, Theory and practice*, London: Routledge.

80   Dandurand, Y. and Vogt, A. (2017), *Documenting the Experience and the Successes of First Nations Courts in British Columbia*, A report prepared for the Office of the Chief Judge of the Province of British Columbia and the Legal Services Society of British Columbia.

선고 이후에 이루어지는 회복적 사법에까지 적용될 필요는 없다. 보호관찰과 관련하여 교도소 기반 또는 공동체 기반의 프로그램이 적용되기도 한다. 이와 같은 회복적 사법 프로그램은 가해자들의 사회 복귀에 주된 초점을 맞추고 있으나 이에 못지않게 범죄 피해자들의 정신적인 피해를 완화시키는 데에도 기여하고 있는 것으로 확인되었다.[81]

법원의 판결을 선고받은 가해자 또는 보호관찰이나 가석방 기간 중 참가하고 있는 가해자에게 제공되는 지역공동체 기반의 회복적 사회 복귀 프로그램에 더하여, 교도소 기반의 프로그램(주로 성인 가해자들을 대상으로 한다) 또한 지난 수십 년간 발전하여 왔다. 수감기간은 가해자들과 함께 활동하고, 회복적 사법에 참여하기 위해 준비하는 데에 적절한 시기가 될 수 있다. 회복적 사법절차와 기타 조정 절차가 가해자의 수감 중 적용되면 가해자가 공동체로 복귀하는 데에 도움을 줄 수 있다. 이를 가리켜 "회복적 사회복귀 절차restorative reintegration process"라고 한다. 실제로, 수감되었던 가해자의 사회복귀를 원활하게 하기 위하여 회복적 사법 프로그램의 활용이 크게 관심을 받고 있다.[82] 교도소에서 이루어지는 회복적 사법은 피해자를 포함하기도 하나 그 외에 가해자와 그들의 가족 간의 관계를 회복시키고 가해자가 지역공동체로 복귀를 준비하기 위하여 활용될 수 있다.[83]

교도소 내 회복적 사법 프로그램은 매우 다양하다.[84] 회복적 사법의 원칙이 제도화된 방식에서 편협하다는 비판이 있다. 그러나, 회복적 사법 프로그램에 관한 실무가 발전하고 있고, 많은 회복적 사법 프로그램이 광범위한 조정, 중재 제도와 밀접하게 연계되고 있다.[85] 실제로 교도소 내 회복적 사법은 단순히 조정·중재를 통해 이루어지기 보다는 기존의 사회복귀 프로그램과 연계되어야 한다고 보고 있다.

교도소 내에서 회복적 사법 프로그램을 실현하는 데에는 현실적인 어려움들이 있다. 교도소 및 수용자들에 대한 접근성, 수용자의 이감으로 인한 절차의 중단이나 지연, 보안상의 한계 등이 문제될 수 있다. 가령, 피해자들의 교도소 방문은 위험발생가능성으로 인하여 지연되거나 거부될 수 있고, 교도소가 이에 대해서 비협조적일 수도 있다. 이러한 상황 하에서 피해자가 참여하는 것에 어려움이 있을 수 있다는 것을 충분히 이해할 필요가 있고, 이를 신중하게 다루어야 한다. 또한 교도소 내에서 피해자 중심의 프로그램이 조건부 석방 결정과 밀접하게 관련되어 있을 때에는 수용자들이 자신의 행위에 대한 진정한 책임을 부담하고, 더 이상 범죄를 저지르지 않도록 동기화하는 대신 기회주의적인 태도로 절차에 참여함에 따라 회복적 사법이 제대로 운용되지 않

81 Gustafson, D. (2005), "Exploring Treatment and Trauma Recovery Implications of Facilitating Victim Offender Encounters in Crimes of Severe Violence : lessons from the Canadian experience", in Elliott, E. and Gordon, R (eds.), New directions in Restorative Justice: Issues, practices, evaluation, Devon: Willan Publishing, manual, Schleswig-Holstein Association for Social Responsibility in Criminal Justice : pulikationen. uni-tuebingen.de/xmlui/bistram/handle/10900/63300/Carrington-Dye%20et%20al_Manual_JU_Victims_Post-Sentencing_2015. pdf?sequence=1&isAllowed=y.

82 Dandurand, Y. (2016), "Alternative Approaches to Preventing Recidivism: Resotrative Justice and the Social Reintegration of Offenders", in Kury, H., Redo, S. and Shea, E. (eds), Women and Children as Victims and Offenders: Background, Prevention, Reintegration, Zurich: Springer, pp. 283-299.

83 Barabas, T., Fellegi, B. and Windt, S. (eds) (2012), Responsibility-taking, Relationship-building and Restoration in Prisons: Mediation and restorative justice in prison setting, Budapest: P-T Muhely.

84 Restorative Justice Council(2016), Restorative Justice in Custodial Settings; Johnstone, G. (2016), "Restorative Justice in Prisons", Prison Service Journal, No. 228, pp. 9-14: Workman, K. (2016), "Restorative Justice in New Zealand Prison: Lessons from the past", Prison Service Journal, No. 228, pp. 21-29

85 Brennan, I. and Johnstone, G. (2019), Building Bridges: Prisoners, crime victims and restorative justice, The Hague : Eleven publishing.

을 위험이 있을 수 있다.[86] 선임관리자들의 지원, 직원과 수용자들의 환기 절차의 제공, 직원들 사이에서 회복적 사법 "챔피언champions" 훈련을 하여, 이러한 어려움을 극복할 수 있다. 회복적 사법이 교도소 내 문화로서 정착될 때, 직원과 수용자들은 회복적 사법의 중요성을 충분히 이해할 수 있게 될 것이다.

4.4 회복적 사법 내 형사 사법 실무자의 역할Role of criminal justic practitioners in restorative justice

형사 사법 기관이나 형사 사법 실무자들은 기관 내에서 회복적 사법 문화를 정착시키기 위하여 사전에 회복적 사법의 원칙이나 방안들을 활용할 수 있다. 사법 당국과 형사 사법 기관은 회복적 사법을 홍보하거나 회복적 사법 프로그램을 지원함으로써 중요한 역할을 담당할 수 있다.

> "형사 사법절차와 관련하여 회복적 사법이 자율적으로 제공될 필요가 있기는 하나 회복적 사법 기관, 사법부, 형사 사법 기관, 기타 관련 기관들은 지역적으로 서로 협력하여 그 지역 내에서 회복적 사법이 사용, 발전될 수 있도록 서로 협력하여야 한다."[87]

가령, 형사 사법 기관은 회복적 사법의 사용, 증진에 대하여 책임이 있는 직원이나, 이에 관한 단체나, 지역공동체를 연계해줄 수 있는 기관과 협약을 체결할 수 있을 것이다.[88]

경찰Police

회복적 절차 내 경찰의 역할은 고려되는 회복적 사법 프로그램에 따라 다양하다. 일정 프로그램에서는 경찰이 수행할 수 있는 역할이 없기도 하나, 다른 프로그램에서는 경찰이 조정·중재에서 완전하게 참여할 수 있다. 일정한 경우 경찰은 절차를 진행하거나 의장으로서 활동할 수 있고, 절차 참가자들로 하여금 지역사회의 관점에 일치하는 결정이나 해결책을 도출하는 데 도움을 줄 수도 있다. 가령, 특별한 훈련을 받은 경찰들이 회복적 사법 회합을 기획하고 진행할 때, 범죄 가해자와 범죄 피해자 모두에게 잠재적인 이익을 향상시킨다는 사실이 확인되고 있다.[89]

경찰의 역할이 균형을 이루고 법률상 경찰의 지위가 회복적 절차를 훼손하지 않도록 주의하여야 한다. 경찰이 일부 영역에서 다른 기관들에 비하여 광범위한 재량권을 가진다는 점 또한 주의하여야 한다.

경찰 관여의 회복적 사법 프로그램이 성공하기 위한 요소는 다음의 사항을 포함한다.

- 회복적 사법 프로그램에 회부하는 역할을 수행할 것

---

86   Aertsen, I. (2012), "Restorative Justice in Prisons: Where are we Heading?", in Barabas, T. et al. (eds.), Responsibility-taking, Relationship-building and Restoration in Prisons. Budapest: P-T Muhely, pp.264-276.

87   Recommendation CM/Rec(2018)8{Recommendation CM/Rec(2018)8 of the Committee of Ministers to Member States concerning restorative justice in criminal matters}, 규칙 62

88   위 권고문, 규칙 63.

89   Sherman, et al. (2015) "Twelve Experiments in Restorative Justice".

- 회복적 사법절차를 가해자, 피해자, 다른 참가자들에게 설명할 것
- 다른 지역공동체 기반의 절차를 수행할 것
- 회복적 사법절차를 진행할 것
- 회복적 사법 세션 및 회합 수행할 것
- 갈등을 해결하고 비범죄적 분쟁을 해결하기 위한 회복적 접근법을 활용할 것
- 합의사항의 이행을 감독하고 위반 사항을 보고하는 역할을 수행할 것

법률은 경찰로 하여금 회복적 경찰 실무에 참여할 수 있는 구조를 제공할 수 있다.[90] 가령, 캐나다의 소년 형사법Youth Criminal Justice Act은 경찰로 하여금 전반에 걸쳐 사건을 회복적 사법 프로그램에 회부할 수 있는 기관으로서 관여할 수 있도록 하고 경찰 지원의 회복적 사법 실무를 증가시켰다. 이를 통해 경찰은 본래의 사회 질서를 유지하는 역할을 수행할 수 있게 되었다.

일부 관할에서 경찰공무원은 가해자, 피해자, 그들의 가족, 지원자, 공동체의 주민들을 포함하는 회복적 사법을 위한 회합을 개최하여 진행할 수 있도록 훈련된다.[91] 영국 노섬브리아Northumbria, United Kingdom 내 경찰 주도의 회복적 사법 회합에 대한 평가에서 피해자는 회의가 안전하고 비밀이 유지된다는 느낌을 받을 수 있었다고 진술하였다. 이와 같은 모델은 피해자와 가해자가 그들의 관점을 이야기하고 범죄와 관련된 문제에 대해서 잠재적인 해결방안을 논의할 수 있고 법원에 의한 절차만 만큼 회합 절차가 공정하다고 평가하였다는 장점이 있다.[92]

연구결과에 따르면 경찰 주도의 회복적 사법 회합방식은 피해자들이 범죄에 의하여 받은 감정적, 심리적 영향을 완화시킬 수 있다.[93] 가령, 런던에서는 경찰의 주도하에 절도범죄의 가해자와 피해자가 직접 대면하여 회복적 사법 회합을 하였는데, 이를 통해 범죄피해자들이 입은 트라우마가 감소하였다는 평가가 있었다.[94] 회합은 회복적 사법과 관련하여 전문적으로 훈련된 경찰이 전담하고, 일반 형사 사법절차에 부가하여 행하여졌다. 회복적 회합을 진행한 후의 결과는 통제 그룹과 비교할 때 회복적 회합을 진행한 그룹에서는 외상 후 스트레스 증상(및 가능한 외상 후 스트레스 장애)를 가진 범죄피해자의 수가 49% 감소하는 것으로 나타났다. 연구진들은 통제 그룹은 일반적인 회복 과정이 진행되었을 것으로 보이는 반면, 회합은 인지절차를 촉진시키고 본래의 회복 과정을 촉진하였던 것으로 보인다고 설명했다.[95]

---

90 Hines, D. and Bazemore, G. (2003), "Restorative Policing, Conferencing and Community", *Police Practive and Research: An International Journal*, 4(4), pp. 411-427

91 Alarid, I.F. and Montemayor, C. D. (2012), "Implementing Restorative Justice in Police Departments", *Police Practice and Research: An International Journal*, 13(5), pp. 540-463;, Angel, C. M., Sherman, I. W., Strang, H., Ariel, B., Bennett, S., Inken, N., Keane, A. and Richmond, T. S., (2014), "Short-Term Effects of Restorative Justice Conferences on Post-traumatic Stress Symptoms among Robbery and Burglary Victim: A randomized control trial", *Journal of Experimental Criminology*, 10(3), pp 291-307; Marder, I. D. (2018), "Restorative Justice and the Police: Exploring the institutionalization of restorative justice in two English forces", Doctoral thesis, School of Law, University of Leeds, Rebuary 2018.

92 Shapland, *et al.* (2011), *Restorative Justice in Practice*.

93 Sherman, *et al*, (2015), "Twelve Experiments in Restorative Justice" : Angel, *et al*, (2014), "Short-Term Effects of Restorative justice Conferences on Post-traumatic Stress Symptoms among Robbery and Burglary Victims".

94 Angel, *et al*. (214) "Short-Term Effects of Restorative Justice Conferences on Post-traumatic Stress Symptoms among Robbery and Burglary Victims".

95 위 책

경찰이 회복적 실천restorative practice을 운용하는 것(회복적 경찰활동restorative policing)은 경찰의 공동체 내 치안 유지 활동과 경찰 개혁 중 나타나는 당연한 과정이다.[96] 경찰이 회복적 사법 프로그램을 활용하게 되면, 적절한 조건하에서 경찰과 공동체의 관계를 발전시키는 데에 기여할 수 있을 것이다. 경찰은 회복적 사법 프로그램에 참여함으로써, 그들이 소통하고 보호해야 할 소수 집단과 새로운 관계를 맺을 수 있어 더욱 중요하다고 볼 수 있다. 참여를 요하는 프로그램은 경찰이 그들이 봉사하는 공동체에 대한 책임을 직접적으로 형성하는 계기를 마련할 수 있다. 경찰은 공동체와 안정적이고도 우호적인 협력관계를 유지함으로써, 효율적이고도 효과적으로 범죄, 사회적 혼란을 예방하거나 응대하기 위하여 회복적 사법의 기본원칙을 적용할 수 있을 것이다.

공동체 내 치안유지의 틀 안에서 경찰은 프로그램의 방식 이외에 다양한 회복적 사법의 방안들을 활용할 수 있다. 가령, 경찰은 가해자 및 그의 부모님을 소환하여 비공식적인 회의에 참여시킴으로써 청소년 사이의 갈등을 조정·중재할 수 있다. 경찰 활동에서 회복적 사법의 활용가능성은, 그들의 감독기관에 의해 사건에 대하여 재량권이 부여된 해당 경찰관의 능력에 의해 제한된다. 일반적으로, 경찰은 회복적 사법 수단에 의한 갈등 해결이 성공하지 못하였을 경우 추가적인 조치를 취할 수 있는 권리가 있다.

일부 상황에서 불행히도 경찰의 부패 또는 경찰에 대한 대중의 신뢰 결여는 경찰이 회복적 사법절차에 참여하는 능력을 훼손하기도 한다.

검사Prosecutors

검사는 회복적 사법 프로그램의 운용과, 법률이나 기타 지침 없이도 사건을 회복적 사법절차에 회부할 것인지 여부에 관하여 상당한 재량권을 행사함에 따라, 중요한 역할을 담당하고 있다. 최근 영미법계 국가와 대륙법계 국가에서 진행된 회복적 사법절차에 관한 보고에서는 검사가 회복적 사법의 게이트키퍼gatekeeper의 역할을 수행하는 것으로 확인되었다.[97] 영미법계 국가와 대륙법계 국가에서 검사는 사건을 회복적 사법절차에 회부할 수 있고, 이러한 역할은 수많은 국가에서 법률을 제정함에 따라 더욱 부각되고 있다. 기소 이후 회복적 사법절차를 활용할 것인지 여부와 관련하여 영미법계 국가에서는 검사의 재량권한 내에 있는 반면, 대륙법계 국가에서는 법원의 권한 범위 내에 있게 된다. 많은 국가에서 청소년 및 성인 사건과 관련하여 검찰 단계에서 사건을 회복적 사법에 회부할 수 있는 절차를 마련하고 있다.

회복적 절차를 수립하는 데에 있어서 검찰이 논의과정에 참여하고, 훈련되어야 하며, 정보를 제공받도록 함으로써, 검찰이 회복적 사법에 대해 이해하고, 청소년 및 성인에 대하여 이를 활용할 수 있도록 하여야 한다.

많은 국가는 검찰의 재량권과 결정에 관하여 검찰 정책 및 공무원 지침을 마련하고 있다. 일부 국가에서는, 이러한 정책들이 검찰에게 한계를 설정하기도 한다. 그러한 정책이나 지침은 검사로 하여금 적절한 경우 해당 사건을 회복적 사법에 회부할 수 있도록 개정될 수 있을 것이다.

---

96   Clamp and Paterson (2017), *Restorative Policing*.

97   Dünkel, *et al.* (eds.) (2015), *Research and Slection of the Most Effective Juvenile Resrotative Justice Practices in Europe*.

법률조력인Legal aid providers

피고인의 변호인, 준법률가를 포함한 법률조력인은 사건을 회복적 사법 프로그램에 회부할 수 있도록 조언할 수 있다. 사건을 절차에 회부함에 따라 분쟁은 신속하게 해결될 수 있고 법원에의 출석이 예정된 사건들을 줄일 수 있다. 법률조력인들은 가해자들에게 회복적 사법절차에 참여함에 따라 얻을 수 있는 이익을 설명해주는 역할을 담당하게 된다. 그들은 가해자의 권리가 보호되고, 항소가 가능하다는 사실을 명확하게 설명해주어야 한다. 또한, 아동이 관련된 법률 분쟁에서 아동에게 회복적 사법절차에 참여하기 위한 동의가 고지되었고, 자유롭게 부여되었음을 확인하는 역할을 담당한다.

법관Judiciary

법관은 회복적 사법절차가 성공적으로 이루어지는 데에 중요한 역할을 담당한다. 법관은 회복적 사법이 형사 사법 체계의 주류에 편입되도록 기여할 수 있다. 법관은 기존의 교육이나 경험을 통해 회복적 사법의 이론이나 실무를 접하지는 못하였을 것이다. 법관은 다양한 회복적 사법에 관한 정보를 제공받거나 교육받을 수 있어야 하고, 직접적으로 또는 간접적으로 회복적 사법을 배울 수 있도록 권장되어야 한다.

법관은 활용하고자 하는 회복적 사법 프로그램에 따라 회복적 사법절차에 다양하게 참여하게 된다. 가령, 양형 써클에서 법관은 사건에 관하여 경청하고 사건을 배정하며 사건을 감독함으로써 필수적인 역할을 담당하게 된다. 반면, 가해자와 피해자 간 조정 프로그램에서 법관이 주로 사건을 절차에 회부하는 역할을 담당한다. 또한, 영미법계 국가와 대륙법계 국가 모두에서 법관은 사건을 회복적 사법절차에 회부할 수 있고 회복적 사법 프로그램에 스스로 참여할 수 있으며 회복적 사법절차에 따른 결과를 준수하는지 감독하는 등의 중요한 역할을 수행하게 된다. 가해자가 유죄임이 확인된 경우라도 법관은 회복적 사법절차의 결과에 따라 판결의 선고를 중단할 수 있다. 영미법계 국가에서는 판결 전 조사보고pre-sentence report를 통해 주목하도록 할 수 있다. 법관의 관점에서 적절한 합의가 도출되면 추가적인 조치를 요하지 않게 된다. 그러나 그 외에도 가해자에 대한 판결에 합의사항이 포함될 수 있다.

교정공무원Correctional officials

최근에는 형의 집행 및 교정 절차에서 회복적 사법절차를 활용하는 사례가 증가하고 있다. 회복적 사법절차는 피해자와 가해자 간 조정을 포함하여 보호관찰, 가석방, 기타 지역사회 내 감독 하에 있는 가해자에게 활용될 수 있다. 보호관찰 및 가석방 공무원들은 가석방의 일환으로서 조정을 활용할 수 있고, 가해자를 회복적 사법 프로그램에 회부할 수 있다. 또한, 앞서 언급한 바와 같이 교정시설 내 회복적 사법 프로그램은 가해자들을 회복적 사법 프로그램에 회부 및 활용을 촉진할 수 있다. 벨기에는 각 교도소마다 회복적 사법 고문을 임명함으로써 이를 달성하고 있다.

피해자 지원 전문가 Victim support professionals

피해자 지원 기관이나 실무자들은, 피해자로 하여금 회복적 사법절차에 참여하는 데에 중요한 역할을 수행한다. 이들은 회복적 사법 프로그램과 밀접한 협력관계 하에서 업무를 수행하고, 절차 전반에 걸쳐 피해자들에게 실무상의 도움을 주거나, 상담, 지원을 제공하게 된다. 실무자들은 피해자와 서비스 시스템과 연결하여 주고, 그들에게 폭력범죄로 인한 피해를 각 개인에 맞추어 적절하고도 효과적으로 대응할 수 있도록 지원하며, 피해자들이 원할 경우 회복적 사법절차에 안전하게 참여할 수 있도록 한다.

비영리단체 NGO와 시민사회의 역할

비영리단체 NGOs는 회복적 사법 프로그램이 광범위하게 실행되고, 발전하는 데에 중요한 역할을 담당하여 왔다. 비영리단체는 형사 사법기관보다 지역공동체에 더 밀접하게 연계된 회복포럼을 효과적으로 구축하여 왔다. 비영리단체는 경찰, 검찰, 법관보다 사회적 신뢰나 존중을 더 받고 있다. 많은 국가에서는 비영리단체가 후원이나 부패로부터 자유롭다고 생각하여, 그들의 프로그램에 더 많은 정당성을 부여하기도 한다. 회복적 사법 프로그램은 지역공동체 구성원들의 참여에 의존하고 있고, 특히 범죄피해자가 사건이 공정하게 처리되고 2차 피해 가능성이 없을 것이라는 확신을 주게 된다는 점에서, 회복적 사법에서의 정당성은 매우 중요하다.

비영리단체는 또한 정부의 협력자이기도 하나, 회복적 사법절차에 대해서만큼은, 프로그램의 공정성을 훼손하지 않고, 절차에 정치적이거나 기타 다른 의제들을 도입하지 않고 있다.

주요 사항 요약

1. 회복적 사법절차가 성공적으로 활용되기 위한 세 단계가 있다. (a) 소송 이전의 수사단계에서 다이버전으로서, (b) 판결 선고 절차 그리고 (c) 판결 선고 이후 구속에 갈음함으로써, 형을 집행하거나 석방될 때에 구속에 갈음하거나 이에 부가하는 방법으로.

2. 회복적 사법 기관, 사법부, 형사 사법 기관, 기타 관련 공공서비스는 그들의 지역에서 회복적 사법을 활용하고 전개시키기 위하여 지역 사회 내에서 상호 협력하여야 한다.

3. 형사 사법 전문가들(가령, 경찰, 검찰, 피고인의 변호인, 법관, 교정기관 공무원, 피해자 지원 전문가)의 역할은 프로그램의 종류와 그 활용 방법에 따라 달라진다. 각 역할에 대한 이해는, 전문가들의 지원을 동원하고, 전문가들의 인식을 적절하게 제고하고 교육 프로그램을 설계할 수 있도록 한다.

4. 비영리단체는 범죄 예방, 형사 정의 측면에서 회복적 사법 프로그램을 전개시키고 활용하는 데에 중요한 역할을 담당한다. 그리고 비영리단체의 활동은 효과적인 협력과 적절한 지원을 통해 원활하게 이루어질 수 있다.

5. 성공적인 회복적 사법 프로그램을 운용하기 위한 요건

각각 자체적인 운영방식과 성공적인 경험을 가지고 있는 회복적 정의 프로그램이 여러 종류 있지만 최근 그들의 성공적인 구현과 운영에 작용한 주요요소들을 보면, 몇 가지 배울 점이 있었다. 그중 핵심은 프로그램에 대한 적절한 사건을 회복적 프로그램에 의뢰하도록 촉구하는 것, 회복적 선택, 피해자의 유의미하고 안전한 참여, 참여자들의 적절한 준비, 절차의 효과적인 프로그램 지원 및 긍정적인 공동체 관계community relations에 대한 인식의 제고이다.

5.1 프로그램에 적절한 사건을 회부referral하도록 장려하기

프로그램에 의뢰하는 것은 경찰, 검사, 교정관리, 민영기관non-governmental agencies 그리고 기타 공동체에 의해 비롯될 수 있으며, 피해자 또는 가해자 스스로도 의뢰할 수 있다. 많은 사법영역에서 의뢰되는 사례들에 대한 지침과 기준은 법으로 규정되어 있으며, 다른 경우 의뢰절차는 정책 또는 기관 간 협정agreements이나 프로토콜protocols로 수립되어 있다.[98]

> **노바스코시아 회복적 사법 프로그램 프로토콜**THE NOVA SCOTIA RESTORATIVE JUSTICE PROGRAM PROTOCOLS
>
> 캐나다 노바스코시아 법무부는 노바스코시아 회복적 사법 프로그램 내에서 의뢰referral를 관리하는 여러 부분으로 구성된 문서로써 노바스코시아 회복적 사법 프로그램Nova Scotia Restorative Justice Program, NSRJP 프로토콜Protocols을 개발하였다. 사법과 일반 프로토콜은 모든 프로토콜에 적용되는 개요를 제공한다. 경찰, 정부crowns, 법원, 교정, 피해자 지원기관 및 지역 회복적 사법팀의 행정적 역할에 노바스코시아 회복적 사법 프로그램NSRJP 사용을 안내하는 별도의 프로토콜이 있다. 종합해 보면 이러한 프로토콜은 청소년과 성인사건의 의뢰를 포함하여 노바스코시아 회복적 사법 프로그램의 구현 및 운영을 안내하는 통합 이념틀framework을 제공한다. 이 문서는 또한 개별적으로 특화된 프로토콜 섹션을 통해 각각의 프로그램에 의뢰하는 에이전트 및 파트너를 위하여 지침을 제공하도록 설계되었다.
>
> 자료출처: Province of Nova Scotia, (2019), The Nova Scotia Restorative Justice Program: Protocols, Halifax, 2019: novascotia.ca/restorative-justice-protocols/docs/Restorative-Justice-Program- Protocols.pdf.

---

98 예를 들면, 캐나다 노바스코시아 주의 의뢰 프로토콜을 참조
: *The Nova Scotia Restorative Justice Program: Protocols*, Halifax, 2019: novascotia.ca/restorative-justice-protocols/docs/Restorative-Justice-Program- Protocols.pdf.

그 제안자가 프로그램에 익숙한 경찰관이든, 상담자이든, 피해자 지원 서비스 종사자이든, 존경받는 공동체community의 구성원이든 간에, 피해자와 가해자가 회복적 사법 프로그램에 참여하도록 제안하는 방법은 매우 중요하다. 피해자가 회복의 과정을 그들 자신이 가해자의 재사회화에 도움이 되도록 이용된다고 생각하기보다 자신의 필요needs로 하는 것을 찾아가는 과정으로 보는 것이 중요하다.

참여는 항상 자유롭게 고지되고 그 고지를 바탕으로 피해자와 가해자가 참여에 동의하는 것을 전제로 하여야 한다. 동의는 절차가 진행되는 동안 언제든지 철회할 수 있다. 절차가 당사자의 동의 유무와 관계없이 진행될 것이고, 그렇게 되면 절차에서 소외될 수도 있다고 하는, 사실과 동떨어진 설명을 써서 그들에게 절차를 받아들이도록 하는, 누군가에게 부당한 압력을 가하는 것이 되어서는 안 된다.[99] 피해자의 동의는 절차에 대한 자신의 참여(즉, 다른 피해자와 함께 또는 피해자의 참여 없이)를 의미하는 것이지, 절차가 시작할 수 있는지 여부를 의미하는 것이 아니다.

"사건선별case extraction"모델은 가장 효과적인 접근방식으로 제시되곤 하는데, 그것은 "형사 사법 데이터베이스에서 회복적 사법 활동으로 진행될 가능성이 가장 크다고 여겨지는 사건을 적극적으로 선택하는 과정"을 말한다.[100]

이러한 모델에 따르면 회복적 사법 프로그램을 담당하는 직원 또는 기관은 범죄, 범죄자 및 피해자에 대한 경찰 및 법원 데이터에 접근할 수 있다. 이 모델은 관련된 개인, 특히 피해자 또는 청소년 범죄자의 개인정보 보호 및 프로그램 목적으로 접근하는 정보의 기밀성에 대하여 몇 가지 문제를 제기한다. 그럼에도 불구하고 정보의 기밀성과 관련된 모든 사람의 개인정보를 보호하면서 사례 추출 절차를 관리 할 수 있도록 프로토콜을 개발할 수 있다.

프로그램은 종종 "우리가 만들면 그들이 올 것이다"라는 잘못된 가정을 바탕으로 구축된다. 그러나 프로그램은 일반적으로 강력하고 명확한 의뢰 메커니즘 및 절차를 개발하는데 주의를 기울어야만 성공할 수 있다. 그뿐만 아니라 법집행기관과 형사 사법 공무원들 사이에 재량권을 사용하여 회복기관에 사례를 회부하는 방법과 시기에 대한 명확한 합의가 있을 때에만 성공한다.

새로운 프로그램을 설계할 때 공무원 중 누가 회부 결정에 관하여 궁극적인 책임을 부담할 것인가, 피해자와 공동체가 이것을 어떻게 인식할 것인가에 관한 정당한 문제점들을 매우 진지하게 고민하고 다루어야 한다. 이상적인 것은 해당 공무원이 프로그램 개발과 의뢰기준 및 절차의 정교화에 참여하여 프로그램의 향후 성공에 대한 개인적인 주인의식을 개발할 수 있어야 한다.

기본원칙 제7조와 제9조는 형사 사법제도 내에서 의뢰절차를 설계하기 위해 4가지 주요기준을 식별한다.

- **충분한 증거**: 가해자를 기소할 충분한 증거가 있는 경우에만 의뢰해야 한다.
- **자유롭고 자발적인 동의**: 회부는 피해자와 가해자 모두 자유롭고 자발적인 동의에 의해 이루어져야 한다. 그러나 최초 회부 당시 고지(설명)에 입각한 양 당사자의 자유로운 동의가 확정되지 않았을 수 있

99 Marder, I.D. (2018), "Restorative Justice and the Police".

100 Bright, J. (2017), *Improving Victim Take-up of Restorative Justice*, London: Restorative Justice Council, p. 23.

으며 그 동의를 확보하는 것이 절차가 향후 진행되기 앞서 충족해야 할 첫 번째 전제조건이 된다.

- **힘의 불균형**: 사건을 회복적 절차에 회부할 때 당사자 간의 힘의 불균형이 편파적인 차이를 초래할 수 있다는 것을 주의해야 한다. 잠재적 힘의 불균형에도 불구하고 사건이 회부될 때 이 사실을 프로그램 진행자에게 주지시켜야 하며, 회복적 절차를 수행할 때에도 고려해야 한다.
- **문화적 차이**: 사건을 회복적 절차에 회부할 때 당사자 간에 존재하는 문화적 차이도 고려해야 한다. 회복적 절차가 참가자의 문화에 반응하도록 다양한 전략을 사용할 수 있다. 예컨대, 참가자와 같은 민족의 진행자facilitators를 사용하는 것은 진행자가 참가자의 문화적 관행을 인지하고 수용하는 방법을 알고 있다는 점, 또는 참가자들은 문화적 차이를 인지하고 있고, 이러한 차이들이 수용되거나 배제될 것이라는 점을 보장해줄 수 있을 것이다. 일반적으로 피해자의 선호도가 우선해야 한다는 점을 주지하면서 피해자와 가해자의 다른 문화에 속하거나 그들의 문화적 관행이 과정에 어떻게 반영되어야 하는지 대해 다른 견해를 가질 때 토론과 협상이 필요한 경우가 많다.

사건에 여러 명의 피해자와 범죄가 관련된 경우, 각각의 피해자에게 그 절차에 참여할 수 있는 선택권이 주어지고 그들이 공동 또는 별도로 진행하는 절차를 선호할 것인지에 대한 발언권이 주어져야 한다. 한 피해자가 절차에 참여하는 데에 동의하지 않는다는 사실이 다른 피해자들가 그들이 범죄로 입은 피해를 해결하기 위해 절차에 참여하는 것을 막아서는 안 된다.

의뢰기준, 절차 및 양식은 의뢰 결정에 대한 책임과 그 책임이 있는 사람들이 각 상황을 다양한 측면에서 쉽게 검토할 수 있도록 설계해야 한다. 경우에 따라 진행자는 사전 회의 단계에서 참가자와 함께 이러한 문제를 해결해야 할 수도 있다. 다른 예로, 회부기관은 상당한 주의를 기울이고, 공동체에 기반한 절차에 의뢰함으로써 피해자 또는 가해자로 하여금 피해자화 혹은 협박의 위험에 놓이지 않도록 하여야 한다. 당사자에게 수반하는 위험과 개인과 관련하는 프로그램의 적합성에 대하여 신중한 평가가 이루어져야 한다. 이를 위해서 종종 잠재적 참가자와 접촉하기 전에 회복 과정 중 가해질 수 있는 피해의 위험과 관련된 모든 가용한 정보(예: 앞의 사건, 정신 건강 요구, 약물 남용과 관련된 문제)를 조사해야 한다.

적절한 절차의 설계DESIGNING A SUITABLE PROCESS

사건이 회복적 사법절차에 적합한지 여부를 결정하기 위해 당사자와 관련된 위험에 대한 평가가 필요하다. 이러한 평가에는 기존 형사 사법 시스템에서 사용되는 것 이상의 요소들이 포함된다. 다음과 같은 질문이 있을 수 있다.

- 프로그램의 유형이 관계 당사자에게 적합한가?
- 범죄가 얼마나 심각했는가?
- 범죄행위에 있어서 그것을 더욱 악화시키는 요인이 있었는가?
- 가해자의 범죄경력과 법원의 명령 준수에 대한 이력은 어떠한가?
- 가해자(그리고 피해자)가 절차에 참여할 수 있는가? (그가 참여에 동의할 가능성은 있는가?)
- 피해자의 정신적, 정서적 상태는 어떠한가?
- 가해자의 인지 능력은 어떻고, 절차에 참여하는 능력은 어떠한가?
- 최근 위협이나 다른 형태의 협박이 있었는가?

- 가해자(혹은 피해자)가 범죄 조직의 일부인가?
- 가해자가 피해자와 관계가 있는가? 만약 있다면 어떻게 있는가?
- 피해자(혹은 가해자)가 개인인가, 법인인가?
- 여러 명의 피해자(또는 가해자)가 다수인가? 그렇다면 그들 모두가 절차에 참여하는 데 동의하는가?
- 피해자(또는 가해자)는 성인인가, 아동인가?
- 피해자에게 2차피해revictimizing를 입힐 위험은 없는가?
- 가해자 또는 피해자를 지원하는 과정에 개입할 수 있는 다른 지원자가 확인되었는가?
- 가해자나 피해자가 이전에 회복적 절차에 참여했던 적이 있었는가? 만약 있었다면 절차의 결과는 어떠했는가?
- 가해자는 가해행위에 대한 책임을 인정하는가?
- 범죄의 사실이 여전히 논쟁 중에 있는가?
- 피해자가 입은 손실 또는 손상에 대한 문서가 있는가?

의뢰구조referral mechanism의 개선

열악한 의뢰구조와 저조한 의뢰율은 종종 저조한 성과 또는 회복적 사법 프로그램의 실패의 원인이 된다.[101] 프로그램 관리자가 공동체와 다양한 수준의 형사 사법 시스템에 효과적으로 의뢰를 권장할 수 있는 다양한 방법이 존재한다.

- **의뢰를 위한 절차 및 기준을 명확하게 정한 지침의 명료화**: 프로그램 진입을 위한 기준 및 절차는 명확하고 프로그램에 사례를 의뢰할 수 있는 지위에 있는 모든 사람들에게 잘 전달되어야 한다. 피해자는 프로그램의 이용 가능성과 프로그램이 그들에게 제공할 수 있는 사항에 대해 고지하여야 한다.

- **지속적인 협의**: 사법 담당자가 프로그램에 적절한 사건을 의뢰하고 기관 파일 검색을 통해 사건을 능동적으로 발굴할 수 있도록 지속적인 협의와 커뮤니케이션을 기반으로 하여 의뢰하는 절차를 강화해야 한다.

- **기관 간 협력을 위한 프로토콜protocol 개발**: 프로그램을 시작하기 전에 또는 프로그램을 실행할 때에 특정 기관 간 프로토콜을 구축할 수 있다. 이러한 프로토콜은 의뢰를 위한 사건의 선정을 안내하고 적격 여부의 기준을 정할 수 있다. 또한 다양한 상황에서 프로그램을 수행할 때 따라야할 절차(예: 당사자 중 한 사람의 동의를 얻을 수 없는 경우, 합의를 도출할 수 없는 경우, 당사자 중 한 사람이 절차에서 탈퇴하기로 결정한 경우 또는 가해자가 중재된 약속의 이행을 하지 않는 경우)를 결정한다.

- **데이터 공유 프로토콜**: 형사 사법기관과 자료 공유 프로토콜을 만들어 잠재적 (대상)사건과 참여자를 식별하는 동시에 특히 기밀정보를 보호하는 것이 중요하다. 피해자 또는 가해자(특히 아동 및 청소년인 경우)에 관한 기밀정보의 비공개와 관련하여 어려움이 빈번하게 발생한다. 이러한 어려움은 의뢰의 빈도, 기관간 협력의 질과 궁극적으로는 프로그램의 전반적인 성공에 장애가 될 수 있다. 이러한 문제는 프로그램이 개발되는 동안 기관 간 합의를 협상하는 동안 가능한 한 많은 부분이 해결되어

101 Laxminarayan (2014), *Accessibility and Initiation of Restorative Justice*.

야 한다.[102]

- **적합성 평가를 위한 절차의 개발**: 동일한 유형의 회복적 절차라도 관할 구역마다 사용되는 선택 기준이 상당히 다를 수 있다. 예를 들어 피해자–가해자 중재[VOM]에 대한 자격 및 적용 허가와 관련하여 법원 또는 접수 부서가 첫 번째 범죄자만 추천하는 경우부터 범죄 피해자가 직접 프로그램 직원에게 중재를 요청하는 프로그램의 경우에 이르기까지 다양할 수 있다. 회복적 절차를 고려 중인 각 사례에 관련된 적합성 및 위험을 평가하는 절차를 개발하는 것이 중요하다.

- **의뢰기관의 참여**: 의뢰 기관의 구성원들은 때론 그 절차의 일부에 관찰자로 또는 참여자로 초청될 수 있다. 간단히 말해서 프로그램을 책임지는 관리자나 기관은 프로그램 의뢰를 위해 의존하는 사법 기관 및 형사 사법 공무원과의 관계를 신중하게 구축해야 한다.

- **시기적절한 사건 피드백과 의뢰 기관과 소통(의견교류)**: 장기적으로 의뢰를 장려할 수 있는 또 다른 방법은 의뢰를 담당하는 개인이나 기관과의 의견 교환과 커뮤니케이션을 항상 적시에 이루어지도록 하는 것이다. 이러한 소통에는 의뢰된 사례의 결과, 특정 사례가 성공적으로 진행되지 않은 이유, 도달한 합의의 성격, 피해자의 증언(긍정적인 것뿐만 아니라) 및 합의 내용이 달성되었는지 여부에 대한 정보가 포함되어야 한다.

- **지속적인 정보교환**: 의뢰기관은 더 많은 사건을 프로그램에 의뢰하는 것에 대한 안정성을 높일 수 있는 사례연구, 통계, 분석 보고서, 성과 지표 및 프로그램 평가결과를 정기적으로 제공할 수 있다.

일부 국가에서는 형사 사법절차의 특정 시점에서 특정 공무원이 회복적 프로그램에 대한 사례를 의뢰하는 것을 의무화함으로써 (당사자 신청에 의한 것 외에) 재량으로 하는 의뢰[discretionary referral]를 장려하거나 늘리기로 했다. 이것은 도움이 될 수 있지만, 명확한 의뢰 지침, 절차 및 기준을 명확히 기술하는 데 만족스러운 대안은 아니다. 피해자와 범죄자에게 그러한 프로그램의 존재를 알려줌으로써 회복적 사법 프로그램에 대한 자발적 의뢰[self-referral]를 증가시킬 수도 있다.

프로그램 적용을 위한 기준으로써 가해자가 잘못을 인정할 것

가해자는 일반적으로 자신의 행동에 대한 책임을 져야 하지만, 일반적으로 이러한 인정은 형사법원에서 하는 유죄의 판단과 동일하지는 않다. 어떤 경우에는 의뢰시점에 가해자가 "책임을 부인하지 않을 것"으로도 충분할 수 있다. 반면 양형 또는 양형 이후 단계(예: 양형서클)는 일반적으로 유죄로 인정되거나 유죄를 인정한 가해자들에게만 이용 가능하다. 나아가, 앞에서 언급한 바와 같이 기본 원칙(제8장)에서는 그 자체로 가해자가 회복적 절차에 참여하는 것을 그 후의 법적 절차에 있어서 유죄를 인정하는 증거로 사용해서는 안된다고 규정하고 있다.

---

102 예컨대 영국 내무부 협의 문서에 제시된 모델계약 및 사례연구를 참조하라. Home Office (2003), *Restorative Justice: The Government's Strategy*, London: Home Office, pp. 71–73.

경찰, 검찰 및 사법적 재량권

가해자를 회복적 사법 프로그램에 의뢰하는 것은 종종 경찰 및 검찰과 같은 형사 사법 관계자들이 가해자를 형사 사법절차의 대안으로 적합한 프로그램에 회부할 수 있는 재량권에 기초한다. 도쿄 규칙 3.3조the Tokyo Rules, rule 3.3에 따르면 재량권은 "모든 책임을 보장함으로써 형사 절차의 모든 단계에서 그리고 오직 법 규정에 따라서만" 행사되어야 한다. 구체적으로 소년 사법과 관련된 국제 표준은 회원국에 다양한 비구금 조치non-custodial measures를 개발하고 적절하고 바람직한 경우, 사법에 의존하지 않고 형법을 침해했다고 주장하거나, 고발하거나 또는 위반한 것으로 인정된 소년들을 다이버전diversion으로 다루도록 독려할 의무를 부여한다.

가해자를 회복적 사법절차에 의뢰할 때, 경찰관은 재량권을 행사하고 미래의 재범을 방지하기 위해 창의적인 개입을 개발할 기회를 갖게 된다. 이를 통해 가해자의 책임, 회복 및 재통합을 지원하게 되는데 가족, 피해자 및 공동체의 구성원을 참여시킬 수 있다. 또한 형사 사법제도를 방해하는 경미한 범죄 수를 줄이는 데 도움을 줄 수 있다.

"절차의 진행", "절차의 연기", "선고유예"의 선택사항은 검찰과 판사가 잘못을 저질러 기소되거나 유죄판결을 받을 개인에 대한 공식적 절차를 일시적으로 중단하는 데 사용된다. 그러한 다이버전에는 종종 조건이 붙는다. 만약 위반자들이 그 조건을 성공적으로 준수한다면 그들은 정식 사법제도에서 더 이상의 조치가 면제된다. 만약 그들이 그 조건에 따르지 않을 경우 원래의 형사 사법절차(유예 혹은 정지된 절차)가 재개될 수 있다.

그러나 경찰과 검사가 검찰 결정과 관련하여 누리는 재량권의 수준은 법 체계마다 크게 다르다. 대체로 이러한 결정을 검찰이 기소할 의무를 만드는데 적법성의 원칙(의무적 기소)에 따라 진행되어야 할지 아니면, 전통적으로 어느 정도 임의적 의사결정을 허용하는 기회의 원칙에 따라 재량권의 범위가 달라진다. 적법성의 원칙 자체가 사건의 다이버전을 방해하는 것은 아니다.

일부 국가에서 회복적 사법 프로그램의 성공적인 시행을 위해 다양한 수준의 형사 사법제도에서 재량권 사용과 관련된 기존 법률(헌법 포함)의 검토와 개정이 필요할 수 있다. 특정 정책과 검찰 가이드 라인을 검토하여 검사가 적절한 경우 회복적 사법 메커니즘을 고려하도록 지시할 수 있다. 이것은 범죄자들을 회복적 사법 프로그램이나 다른 비범죄적 사법 개입에 회부하거나 다이버전할 가능성을 만들 수 있다. 그렇게 함으로써 이러한 재량권이 남용되지 않고 차별의 원천이 되지 않으며 개인의 이익을 위해 부패하게 악용되지 않도록 하는 절차와 메커니즘을 확립해야할 경우가 많다.

태국의 경우 소년사법에 회복적 사법 실무를 도입하는 것이 소년 절차법Juvenile Procedure의 조항에 의해 가능해졌다. 이를 통해 청소년 훈련원장the director of the juvenile training centre이 추천하면 검찰이 공소를 철회할 수 있다. 그러나 이 조항은 청소년 보호관찰소Department of Juvenile Observation and Protection가 회복적 절차에 기초한 다이버전 프로그램을 도입하기 전까지 사용되지 않았다. 그래서 가족 집단 회합The Family Group Conference과 공동체 회합Community Conference이 처음 도입되었다.[103]

회복적 사법 프로그램에 의뢰하는 사건이 적은 이유를 설명하는 요인에 대해 여전히 해결되지 않은 많은 의문들이 있다. 이는 피해자가 흔쾌히 피해 조정에 참여하려는 의지가 비교적 높다는 연구 결과가 꾸준히

---

103 Kittayarak, K. (2005), "Restorative Justice in Thailand", paper presented at the Workshop on Enhancing criminal Justice Reform, Including Restorative Justice, Eleventh United Nations Congress on Crime Prevention and Criminal Justice, Bangkok, Thailand, 18 – 25 April 2005.

나왔음에도 불구하고 그렇다.[104] 잘 설계된 많은 회복적 사법 프로그램은 사법시스템으로부터 충분한 의뢰를 받지 못했기 때문에 잠재력을 최대한 발휘하지 못한 체 부수적인 제도에 머물렀다. 의뢰를 달성시키는 것은 "거의 모든 회복적 사법제도들의 아킬레스 건"이 되어 왔다.[105] 프로그램은 피해자와 가해자 모두에게 회복적 선택권restorative options에 대한 정보를 전달하기 위한 지속적인 전략을 가져야 한다. 이 정보는 또한 사례를 프로그램에 참조할 수 있는 위치에 있는 모든 수준의 법조인들이 쉽게 이용할 수 있어야 한다.

5.2 피해자와 가해자에 의한 직접 의뢰

피해자가 (회복적 사법 프로그램에) 직접 의뢰하는 경우는 비교적 드물다. 이는 그러한 프로그램에 참여할 기회에 대한 인식 부족 때문일 것이다. 일반적으로 피해자가 회복적 사법 프로그램을 알고 있는지 여부는 종종 동 프로그램에 접근하는 방법에 대한 지식이나 선택권을 그들에게 알리기 위한 피해자 서비스의 가용성에 달려있다. 회복적 사법이 모든 경우에 적절한 것은 아닐 수 있지만, 회복적 사법에 대한 피해자 수용은 일반적으로 낮다.

유럽연합은 2012년 범죄피해자 관련 지침 제4(j)조에서 회원국들이 "관할 당국과 첫 접촉부터 불필요한 지연없이 피해자에게 이용 가능한 회복적 사법 서비스에 대한 정보를 제공하도록 보장해야 한다"고 권고하고 있다.[106] 유럽 평의회는 또한 관련 당국과 법률 전문가가 피해자와 가해자에게 참여여부를 결정할 수 있는 충분한 정보를 제공해야 한다고 권고한다.[107] 예를 들면, 영국에서는 범죄피해자들이 이러한 비사법적 지침에 따르는 경우가 매우 낮더라도 경찰 또는 그러한 서비스를 제공하는 기타 단체로부터 사용 가능한 회복적 선택에 대한 정보를 제공 받을 권리가 있다.[108]

의뢰하는 시기는 피해자가 회복적 사법절차에 참여하려는 의지에 영향을 미칠 수 있다. 보다 폭력적인 범죄피해자는 형사 사법절차(예: 기소 단계) 초기에 회복적 사법에 참여하기를 원하지 않을 수 있으며, 이후 단계(예: 형 선고 후 또는 석방 전)에서 가해자와 조정을 위한 접촉을 선호할 수 있다.[109] 많은 범죄피해자의 경우 종종 피해의 정신적 충격 때문에 범죄 후에 충분한 시간이 경과되어야만 그들에게 의미 있는 방법으로 그 과정에 참여할 수 있다.[110] 그러므로 실무자들은 필요한 경우 피해자가 절차에 참여할 준비가 되었는지

---

104 Bolívar, et al. (eds.) (2015), *Victims and Restorative Justice*.

105 Shapland, J., Atkinson, A., Colledge, E., Dignan, J., Howes, M., Johnstone, J., Pennant, R., Robinson, G. and Sorsby, A. (2004), *Implementing Restorative Justice Schemes (Crime Reduction Programme): A Report on the First Year*, Home Office Online Report 32/04, London: Home Office, p. 49.

106 European Parliament and Council, 2012, article 4.

107 Recommendation CM/Rec(2018)8 of the Committee of Ministers to Member States concerning restorative justice in criminal matters, article 19.

108 다음의 조사결과 참조: Shapland, J., Crawford, A., Gray, E. and Burn, D. (2017), *Developing Restorative Policing in Humberside, South Yorkshire and West Yorkshire*, Sheffield: Centre for Criminological Research, University of Sheffield.

109 Zebel, S., Schreurs, W. and Ufkes, E. (2017), "Crime Seriousness and Participation in Restorative Justice: The role of time elapsed since the offense", *Law and Human Behaviour*, 41(4), pp. 385–397.

110 앞의 논문.

여부를 판단할 수 있도록 신뢰할 수 있는 전문가의 지원을 받는 것이 중요하다.

참여의 시기도 중요하지만 피해자들은 참여 결정에 관계없이 자신의 회복적 사법의 선택권에 대해 더 빨리 알기를 선호한다고 밝혔다.[111] 정보와 선택의 기회는 권한을 부여하고 통제력을 제공한다.[112] 피해자에게 정보를 제공하는 적극적인 방법은 피해자 참여 수준에 영향을 미친다.[113] 회복적 사법을 적용할 수 있다는 가능성에 대한 정보를 받을 피해자의 권리를 증진하는 것은 국가 입법에 포함될 수 있다. 예를 들어 뉴질랜드는 2002년 피해자 권리법 제11조에서 피해자가 기관과 접촉한 후 가능한 한 빨리 회복적 사법절차를 포함하여 기관 관계자에 의해 이용할 수 있는 서비스 정보를 제공받아야 한다고 규정하고 있다. 이와 유사하게 캐나다에서 피해자는 요청하면 캐나다 피해자 권리장전the Canadian Victims Bill of Rights 제6조 (b)항에 따른 회복적 사법 프로그램을 포함하여 피해자로서 이용할 수 있는 서비스와 프로그램에 대한 정보 권리를 가진다.[114]

5.3 참가자의 적절하고 충분한 준비

회복적 사법 과정에 앞서 참가자를 준비시키는 것은 과정의 성공과 공정성에 중요하다. 회복적 과정에 참여하기로 동의하기 전에 당사자들은 자신의 권리, 회복적 사법절차의 본질, 그들이 참여하기로 결정했을 때 생길 수 있는 결과들 그리고 고충처리 절차에 대한 세부사항을 완전히 이해할 필요가 있다.

준비과정에는 절차에 참여하려는 참가자의 진의(또는 동기)에 대한 평가와 함께 적합성 평가 또한 포함시킬 수 있다. 예비 참가자에게 절차와 예상되는 사항에 대해 설명하고 질문에 응답하는 것은 결국 참여에 대한 사전동의의 기초를 형성하게 된다. 당사자 간의 잠재적인 힘의 불균형, 피해자, 가해자 또는 기타 참여자에 대한 위험 및 개입시기와 관련된 문제를 검토하고, 가능하면 해당 수준에서 해결할 수 있다. 개입된 범위와 방식은 논의될 수 있으며 당사자 간에 사전 합의하는 대상이 될 수 있다(예: 예상 참가자가 바라는 것, 직접 또는 간접적으로 만날 수 있는지 여부, 다른 당사자의 참석에 동의하는지 여부, 회의 장소, 특정 정보의 기밀성을 보호하는 방법, 특정 개인을 절차에서 제외시키는 것).

모든 회복적 사법절차에서 피해자의 이익, 권리 및 안전을 보호하고 2차피해revictimization가 발생하지 않도록 하는 것이 중요하다. 이것은 종종 가해자와 만나기 전에 피해자와 상당한 양의 사전 작업preparatory work을 필요로 한다. 이것은 몇 주, 몇 달 또는 가해자에게 징역형이 내려질 수 있는 매우 심각한 범죄의 경우 몇 년이 걸릴 수도 있다. 이 사전모임pre-meeting preparation은 피해자가 가해자와 대화에 참여할 수 있도록 정서적,

111 Shapland, *et al.* (2011). *Restorative Justice in Practice*.

112 Van Camp and Wemmers (2016), "Victims' Reflections on the Protective and Proactive Approaches to the Offer of Restorative Justice"; Van Camp, T. (2017), "Understanding Participation in Restorative Justice Practices: Looking for justice for oneself as well as for others", *European Journal of Criminology*, 14(6), pp. 679 – 696.

113 Van Camp and Wemmers (2016), "Victims' Reflections on the Protective and Proactive Approaches to the Offer of Restorative Justice: The Importance of Information", *Canadian Journal of Criminology and Criminal Justice*, 58(3), pp. 415 – 442; Van Camp and Wemmers (2016), *The Offer of Restorative Justice to Victims of Violent Crime: Should it be protective or proactive?*, Montréal: Centre International de Criminologie Comparée.

114 S.C. 2015, c. 13, s. 2.

심리적 준비가 되었는지 확인하기 위해 고안되었다.

매우 심각한 범죄와 관련된 일부 사례는 매우 민감하며 대면하기 전에 광범위한 준비가 필요하다. 또한 실무자들은 그러한 경우를 용이하게 진행할 수 있도록 고급 교육을 받을 필요가 있다.[115] 아마도 이 단계에서 2차피해의 위험이 가장 높을 것이다.

몇몇 보고된 사례에서, 가해자와 피해자 간의 회복적 활동을 위한 준비가 수년의 기간에 달하기도 했다.

회복적 사법 과정에서 피해자의 참여시기도 중요하다. 각 상황은 절차의 각 단계를 준비하는 동안, 도중 또는 사후에 사례별로 평가되어야 한다. 이는 참여를 원하는 피해자가 항상 안전하고 적절하게 준비되도록 하기 위함이다.

피해자의 이익, 권리 그리고 안전

많은 관찰자들은 대부분 회복적 사법 프로그램이 주로 가해자 지향적이라는 사실을 비난한다.[a] 때때로 형사 사법제도 산하에서 빈번하게 시행되기 때문에 피해자의 요구에 대응하는 회복적 사법 프로그램의 역량에 대한 의심마저 표출된다. 그러나 연구는 자진해서 조정과 회합에 참여한 피해자가 적극적일수록 그 과정과 결과 모두에 대해 높은 만족도를 보이는 것으로 나타났다.[b]

회복적 사법 지지자들은 피해자의 관심사를 중요한 것으로 다루는 것이 핵심적 특징이라 정의한다. 그러므로 그들에게는 "피해자 관심과 논점은 부수적인 것이 아니라 회복적 사법을 위한 일의 중심에 있어야" 하는 것이다.[c] 사실 회복적 사법과정에서 피해자의 요구가 간과될 경향이 있다는 두려움이 종종 있다.[d] 더욱이 회복적 사법이 긍정적인 이익을 전달할 수 있도록 하는 것은 피해자가 가해자와 상호작용할 수 있는 방식뿐만 아니라 "피해자들이 형사 사법체계에 의해 얼마나 공정하게 대우받았다고 느끼느냐"에 달려 있다는 것을 이해하게 되었다.[e]

a   Dignan, J. (2007), "The Victim in Restorative Justice", in Walklate, S. (ed.), Handbook of Victims and Victimology, Cullompton: Willan Publishing, pp. 309‒332; Pemberton, A. and Vanfraechem, I. (2015), "Victims' Victimiza‒ tion Experiences and their Need for Justice", in Vanfraechem, I., Bolivar, D. and Aertsen, I. (eds.), *Victims and Restorative Justice: Needs, Experiences and Policy Challenges*, London: Routledge, pp. 15‒47.

b   Bolívar, et al. (eds.) (2015), Victims and Restorative Justice.

c   Van Ness, D. and Heetderks Strong, K. (2010), Restoring Justice: An introduction to restorative justice(4th edn), New Providence: LexisNexis Group, p. 141.

d   Choi, J.J. and Gilbert, M. J. (2010), "'Joe Everyday, People Off the Street': A qualitative study on mediators' roles and skills in victim‒offender mediation", Contemporary Justice Review Issues in Criminal, Social, and Restora‒ tive Justice, 13(2), pp. 207‒227; Choi, J.J., Green, D.L. and Kapp, S.A. (2010), "A Qualitative Study of Victim Offender Mediation: Implications for social work", Journal of Human Behavior in the Social Environment, 20 (7), pp. 857‒874; Hoyle, C. and Rosenblatt, F.F. (2016), "Looking Back to the Future: Threats to the success of restora‒ tive justice in the United Kingdom'" Victims and Offenders, 11(1), pp. 30‒49; Victims' Commissioner (2016), A Question of Quality: A review of restorative justice, London: Victims' Commissioner's Office.

e   O'Mahony, D. and Doak, J. (2017), Reimagining Restorative Justice: Agency and accountability in the criminal justice process, Portland: Hart Publishing, p. 43.

---

115 Keenan, M. (2017), "Criminal Justice, Restorative Justice, Sexual Violence and the Rule of Law", in Zins‒ stag, E. and Keenan, M. (eds.), *Restorative Responses to Sexual Violence: Legal, Social and Therapeutic Dimensions*, London: Routledge.

5.4 회복적 사법절차의 진행Facilitation

회복적 사법 개입의 성공을 보장하는 데 조정자나 진행자의 역할의 중요성은 아무리 강조해도 지나치지 않다. 진행자는 참가자가 절차를 준비하고 적합성 평가를 수행하도록 돕는 것 외에도 당사자의 기대expectation를 관리하고, 절차의 중립성impartiality과 공정성fairness을 보장할 책임을 지며, 힘의 불균형을 해소하고, 모든 당사자에게 안전한 환경을 조성해줄 책임이 있으며, 앞으로 나아갈 방향과 기대되는 회복적 결과의 유형에 대한 합의 도출을 수행한다. 진행자는 종종 피해자 지원 서비스와 긴밀하게 협력하며 당사자를 다른 서비스에 회부하는 역할을 할 수 있다. 그들은 당사자의 참여에 대하여 당사자들이 자유롭게 동의하고 그들이 따르기로 합의한 기본 규칙을 이해하고 준수하며, 일반적으로 참가자들이 서로 정직하고 평화로운 대화를 이어가도록 과정을 지원해야 한다. 진행자들은 절차가 완결된 이후 각 당사자들을 파악하면서 회복적 합의 사항이 준수 되었는지 여부를 확인하는 역할을 담당하기도 한다.

사건을 담당하는 관리자를 포함한 다른 전문가와 협력하는 진행자는 종종 절차에서 식별된 위험을 관리하기 위하여 잠재적 조치를 개발하고 다음을 포함하여 참가자와 논의해야 한다: 예비 참가자와 함께 작업할 때 각 단계에서 가장 도움이 될 의사소통 유형의 절차 및 안전 관련 사항; 참가자의 안전을 극대화하고 특히 참가자가 장소에 들어가는 방법, 대기할 장소, 다과를 제공하는 방법을 고려하여 불안이나 우려를 최소화하기 위한 장소 선택; 건물의 다른 부분에서 동행해야 하는 사람이 많은 경우 추가 진행자가 참석하는 것이 도움이 될 수 있는지 여부; 절차와 그 결과의 정서적 및 신체적 위험에 영향을 줄 수 있는 지지자의 존재/ 부재를 관리하고 균형을 맞추기 위해 사용할 수 있는 브레이크 아웃/ 타임 아웃 룸의 존재 여부.

진행자facilitators를 위한 규칙

진행자가 준수해야 할 규칙은 다음과 같다:
- 미리 준비하는 사전모임을 직접 준비할 것
- 참여자에 대한 절차의 적합성에 대한 협업 평가의 수행
- 참가자의 요구(needs)를 평가하고 대응할 것
- 참가자가 절차에 참여하기로 결정한 것 때문에 노출될 수 있는 위험의 평가
- 위험을 감소시키기 위한 계획을 개발하고 수행할 것
- 압박하거나 끌어당기지 않음으로써 비지시적이고 눈에 띄지 않는 진행 방식을 구현
- 공감, 존중, 인내, 침착과 이해를 통해 대화 진행
- 모든 참가자를 공정하게 대할 것
- 절차가 진화하고 성공할 수 있도록 충분한 시간을 허용할 것
- 가해자와 후속 연락을 마련하여 계약을 준수하고 피해자가 요구한 사항을 이행하는지 확인할 것
- 회복적 사법의 가치와 원칙을 준수할 것

진행자facilitators의 모집, 선발, 교육 및 감독

진행자facilitators는 사회 모든 영역에서 모집되어야 한다. 자원봉사자나 전문가가 될 수 있지만 어느 누구

도 조력자 역할을 수행하도록 강요 당해서는 안된다. 진행자^{facilitators}는 회복적 가치와 원칙에 전념해야 하며 문화 간 환경에서 회복적 사법을 활용할 수 있는 감성과 능력을 소유해야 한다. *기본 원칙 제19조*는 진행자가 "현지 문화와 공동체에 대해 잘 이해하고 있어야 하며, 적절한 경우 진행 임무를 수행하기 전에 기초 교육을 받아야 한다"고 강조한다. 조력자와 프로그램 관리자는 강력한 회복적 정의 가치를 모범으로 보여야 하며 문화적 또는 민족적 배경이 다른 가해자, 피해자 및 공동체 구성원과의 상호 작용에서 편견과 차별을 피할 수 있어야 한다.

긍정적인 상호작용을 증가시키기 위한 수단으로써 프로그램은 회복적 사법 실무자를 위한 문화적 기술 훈련도 제공할 수 있다.[116] 진행자^{acilitators}는 참가자가 특정한 문화적 관행을 원하는지 또는 회복적 사법 과정에서 수용될 필요가 있는지 여부를 식별하도록 훈련되어야 한다. 그들은 또한 참가자들이 모두 같은 문화적 배경을 가지고 있지 않은 상황에서 일할 수 있도록 훈련되어야 한다. 진행자가 이용할 수 있는 수단과 전략에는 다음과 같은 것들이 있다: 문화 조언자 ^{cultural advisers} 혹은 연장자를 구할 것; 참가자와 같은 민족의 진행자^{facilitators}와 함께 작업할 것; 통역을 이용할 것; 문화적 중요한 장소에서 회의를 열 것; 참가자들이 문화적 차이와 이러한 차이점을 어떻게 수용할 수 있는지 또는 어떻게 수용하지 않을 수 있는지를 확실히 할 것.

진행자는 회복적 사법을 전달하기 전에 초기 교육을 받아야 할 뿐만 아니라 지속적으로 재직 중에도 연수 및 감독을 받아야 한다. 그들의 훈련은 그들에게 갈등해결기술, 피해자, 가해자 및 상처받기 쉬운 취약한 사람들과 함께 작업하는데 필요한 특정 요구사항, 형사 사법제도에 대한 기본 지식을 포함하는 높은 수준의 능력을 제공해야 한다. 아래의 텍스트 상자에서는 진행자^{facilitators}가 습득해야 하는 기본역량이 나열되어 있으며, 많은 사람들이 사법 시스템 내에서 다른 기능을 수행하거나 자원 봉사자라는 점을 유념한다. 훈련 자료와 훈련 접근방식은 효과적인 진행 관행에 대한 최신 증거와 일치해야 한다.

진행자와 조정자의 훈련은 피해자와 범죄자의 권리를 보호하고 회복적 절차의 통합성^{integrity}을 유지하는데 필수적이다. *기본원칙 제18조, 제19조*는 진행자가 당사자의 존엄성을 고려하여 공정한 방식으로 직무를 수행해야 하며 피해자, 가해자, 사법시스템과 공동체의 이익에 부합하는 합의를 도출하기 위해 모든 노력을 기울여야 한다고 강조한다.

업무를 지도해야 하는 관련 법규 및 정책에 대한 교육과 성별 감수성을 포함한 다른 종류의 교육도 필요하다. 민감하거나 복잡하거나 심각한 사건을 회복적 사법에 따라 진행하는 경우에, 진행자가 경험을 쌓고 멘토링과 심화교육을 받는 것이 가장 중요하다.[117]

최근 몇 년 동안, 트라우마가 피해자에게 미치는 영향을 이해하는데 많은 진전이 있었다. 새로운 트라우마 정보 또는 트라우마에 세심하게 주의하면서 개입^{intervention}하는 방법과 피해자 및 범죄자와의 상호작용이 개발되었다. 이 새로운 지식은 회복적 사법 전문가 및 진행자의 훈련에 통합되어야 한다.

---

116 Umbreit, M.S. and Coates, R.B. (2000), *Multicultural Implications of Restorative Justice: Potential Pitfalls and Dangers*, Washington, D.C.: U.S. Department of Justice, Office of Justice Programs and Office for Victims of Crime, p. 13.

117 Council of Europe, Recommendation CM/Rec(2018)8 of the Committee of Ministers to Member States concerning restorative justice in criminal matters, para. 40 – 45.

진행자facilitators는 트라우마의 광범위한 영향을 이해하고 회복적 절차에 참여하는 참가자의 트라우마 징후와 증상을 인식할 수 있어야 한다. 예를 들어, 일부 참가자는 사회적, 직업적 또는 기타 중요한 삶의 영역에서 심각한 고통이나 장애의 징후를 보일 수 있다. 외상과 관련된 침입 및 각성 증상을 다루기 위해 치료받지 않은 피해자는 그와 관련된 자극을 피하는 경향이 있다. 그들은 트라우마와 관련된 생각, 감정 또는 대화를 피하기 위해 노력한다. 그러한 경우 회복적 사법절차에 참여한다는 단순한 생각만으로도 이러한 증상 중 일부를 촉발하거나 그 효과를 복잡하게 할 수 있다.

회복적 사법절차에서 참여자, 특히 피해자에게 재피해를 입히거나 재트라우마를 일으킬 수 있는 상황과 개입을 피할 수 있도록 진행자는 트라우마 정보에 입각한 의사소통 및 개입에 대한 교육을 받아야 한다. 그들이 진행할 것으로 예상되는 사례의 종류에 따라 그들은 또한 트라우마의 결과를 다루고 치유를 용이하게 하기 위해 고안된 트라우마 특정 중재의 전달에 대해 훈련을 받아야 할 수도 있다. 그러한 훈련이 없으면 개인에게 재트라우마를 촉발시킬 위험이 크다.

진행자facilitators에게 필요한 기본 역량competencies

진행자는 반드시

1. 다음을 포함한 작업을 수행해야 한다.
- 작업을 계획하고 평가하기
- 각 사례마다 명확한 절차를 따름
- 효과적인 문제해결
- 복잡한 특징들을 다루기
- 다른 이들과 효과적이고 협동적으로 작업하기
- 기관의 지침에 따라 결정사항과 결과를 정확하게 기록하기

2. 법률이 요구하는 비밀유지규정을 준수하고 차별을 방지하여 참가자의 피해를 예방한다.

3. 다음 내용을 포함하여, 스스로 인식하고 있음을 보여주어야 한다.
- 자신의 편견에 대해 스스로 인식하고 있으며 이를 따로 떼어 놓을 수 있는 능력
- 각 특정 사례에서 도움을 요청할 필요가 있는 시점을 인지하여 지식과 경험의 경계를 인식하는 능력
- 자신의 정신적 건강에 대한 인식(간접적 또는 기타 트라우마와 관련된 것으로 능숙하게 진행하는 자신의 능력에 영향을 미칠 수 있는 개인 경험을 포함)

4. 다음 내용을 포함하여, 대화 기법과 개인적 기법skill을 효과적으로 그리고 자신감 있게 보여주어야 한다.
- 자신감을 고취하고, 적극적으로 경청하는 것을 장려하고, 다른 사람들이 이해하도록 그리고 이해한 것을 확인할 수 있도록 설명하는 능력
- 대화를 촉진하고 참가자들이 자신을 잘 드러낼 수 있도록 하는 능력
- 비언어적 신호를 읽고, 통화내용과 면대면 대화내용을 살펴보거나 요약하고 피드백을 주고 받고 건설적이고 긍정적으로 대화를 유도하며 참가자들이 스스로 선택할 수 있도록 하는 능력

5. 다음 내용을 포함하여 참가자들에게 안전한 환경을 만들어주어야 한다.
- 전체 진행 과정에서 모든 참가자들의 안전, 신뢰와 자신감, 그리고 비평가적인non-judgemental 태도를 만들고 유지하기

- 다양성과 차이에 민감하고, 갈등과 공격을 차분하게 다루는 능력을 보여주고, 힘의 불균형을 측정하고 조정하며, 모든 참가자들에게 중립성을 보여주기 위해 공명정대하게 행동하기
- 트라우마에 민감하게 반응하고, 트라우마와 관련된 태도에 대해서는 언제든 개입하기

6. 다음 내용을 포함하여 사람을 성, 나이, 인종, 능력/장애, 성적 취향, 문화, 신념, 범죄 경력 등을 이유로 차별하지 않고 공정하고 중립적으로 다루어야 한다.

- 회복적 절차에 동등하게 접근할 수 있도록 하기
- 모든 참가자들의 인격, 그들의 의견과 관점을 존중하고 중립적으로 다루기

7. 다음 절차에 따라 당사자들의 위험risk을 측정하고 줄여야 한다

- 회복적 절차 진행 과정에서 발생할 수 있는 피해 위험에 관한 가용 정보를 수집하기
- 위험 감소 계획을 수립하기
- 위험을 최소화하는 공격 대응방안을 적용하기
- 특정 절차를 지속하는 위험이 수용될 수 없을 때 이를 인식하여 해당 절차를 안전하게 종료하기
- 필요할 때 회복적 절차를 수정하기
- 관할관청competent authorities이 회복적 절차를 진행하는 과정에서 발생할 수 있는 위급하거나 심각한 위협, 혹은 범죄에 관한 정보를 전달하기

a　　Adapted from: Restorative Justice Council (2011), *Best Practice Guidance for Restorative Practice*, London: RJC, pp. 7 – 11.

심각한 피해를 다루는 회복적 절차에 참여하는 진행자는 다음 사항을 반드시 준수해야 한다.

- 회복적 사법절차와 스킬에 관한 심화 교육 이수
- 해당 케이스 참여 이전에 상당한 실무 경험 축적
- 폭력으로 인한 트라우마 효과와 그것이 피해자에게(그리고, 많은 경우에 가해자와 관련된 사람들에게) 미치는 영향에 대한 이해
- 애도 절차Grieving Process에 대한 이해
- 다양한 중범죄 (예를 들어, 권력과 위력에 의한 성폭력, 친밀한 관계에서 발생하는 폭력 등)에 관한 연구와 이론에 대한 이해
- 능숙한 감독하에서 협조적으로 일할 것

또한, 회복적 사법 프로그램에서 진행자의 작업이 표준 절차를 준수하고 있는지, 그리고 해당 프로그램이 안전하고 효과적으로 전달되고 있는지 정기적으로 모니터링하고 관리감독을 해야 한다. 진행자의 매니저는 사례 관리감독을 받고, 회복적 사법에 특화된 서비스 관리자 교육을 이수해야 한다.

그동안 몇 가지 교육 매뉴얼과 지원 도구가 개발되었는데, 특히 가해자–피해자–조정의VOM 프로그램에 관한 것들이 개발되었다. 예를 들어, 영국의 회복적 사법 위원회the Restorative Justice Council는 회복적 교육 과정restorative training courses에 사용되는 특정 도구를 다루는 교육용 핸드북을 개발했고, "교육자와 교육기관을 위한 운용지침Code of Practice for Trainers and Training Organizations"도 만들었다.[118] 일부 국가에서는 회복적 사법 실무자

118　Restorative Justice Council (2016), *RJC Trainers Handbook*, London: RJC.

를 위한 전문가 인증 과정을 만들기 위해서 노력하고 있다. 회복적 사법 위원회(영국)은 전문가 인증 체계를 운영하고 있다.[119] 이러한 인증 과정의 목적은 일반 사람들과 프로그램 참가자들, 특히 피해자들에게 회복적 절차가 안전하고 전문적으로 수행된다는 확신을 주는 것이다. 뉴질랜드에서는 분쟁해결 협회 Resolution Institute 가 법무부와 계약을 맺고, 회복적 사법 진행자를 위한 교육과 인증 서비스를 제공하고 있다. 해당 인증 시스템은 회복적 사법 진행자의 인증을 3단계로 구분한다. 회복적 사법 진행자 교육 수료 단계, 회복적 사법 진행자 인증 단계, 회복적 사법 진행자 상급 인증 단계, 인증받은 진행자들은 또한 전문 영역별로 활동할 수 있다. 예를 들어 가정폭력 사건이나 혹은 성폭력 사건에 특화된 전문가로 활동할 수 있다.[120]

5.5 회복적 절차를 통한 합의 도출

회복적 절차의 중요한 목적은 회복적 사법 대화 이외에, 합의를 모색하는 것이다. 모든 가능한 상황에서, 관련된 모든 이해관계자들이(예를 들어, 범죄 피해자, 가해자, 그리고 그들의 인적 네트워크나 공동체 등) 합의에 공감하고 기여하고 승인하는 것이 중요하다. 더 나아가, 합의는 범죄 피해자, 가해자, 그리고 공동체의 특정한 요구needs나 상황에 맞추어져야 한다.

회복적 절차의 결과로 도출된 합의 혹은 "회복적 결과restorative outcome"는 다양한 결과나 프로그램을 포함할 수 있다. 예를 들어, 사죄, 배상, 회복, 가해자 재통합에 대한 지원, 사회봉사활동community servive work, 추후 사후모임에 대한 동의 등이 가능하다. 이러한 합의들은 모든 당사자들의 개인적이며 집단적인 필요 needs 를 충족시켜서, 피해자의 회복과 가해자의 재통합을 달성하고, 잠재적인 미래의 새로운 관계에 대해 동의를 얻기 위해서이다.

회복적 절차에 의한 합의는 그 유형이나 범위, 요소가 매우 다양하다. 합의는 특정한 행동 지시를 포함하거나 포함하지 않을 수 있다. 중요한 것은 해당 사건에 관련된 자원, 프로그램, 그리고 제재가 합의에 포함되어 있다는 점이다. 이것은 범죄 피해자와 가해자가 특정 프로그램이나 서비스에 접근할 수 있는 필요한 프로토콜을 마련하도록 요구한다.

더 나아가 기본원칙 제15조는 다음과 같이 설명하고 있다. "회복적 사법 프로그램에서 도출된 합의 결과는 적절한 경우 사법적 감독을 받거나 사법 결정이나 판결에 통합되어야 한다." 이것은 일반적으로 회복적 절차가 법원의 지시로 진행되거나 혹은 제재 절차(집행 유예된 절차)의 일부여서, 합의 결과가 일반적인 사법 결정이나 판단과 동일시되기 때문이다. 이것은 형사 사법 시스템과 관련된 프로그램의 구조에 따라서 그 정도가 달라질 수 있다. 합의를 사법 판단에 통합하면 법원이나 집행기관이 가해자가 합의된 계획을 수행하는지, 언제 위반하는지를 모니터링하고 개입하게 된다는 이득이 있다.

기본원칙 제16조는 다음과 같이 제안하고 있다. "당사자들 간에 합의가 이루어지지 않은 경우, 해당 사건

119   The Restorative Service Quality Mark: restorativejustice.org.uk/restorative-service-quality-mark.

120   Resolution Institute (2019), *Accreditation and Specialist Endorsements: A guide to the accreditation system and accreditation assessment*, New Zealand: Resolution Institute and PACT: www.resolution.institute/documents/item/1958.

을 기존의 형사 사법절차와 결정에 다시 회부하여 필요한 조치가 지연되지 않도록 해야 하고, 지체 없이 내려야 한다."[121] 또한, 합의에 실패했다는 것만으로 가해자가 후속 형사 사법절차에서 불리한 입장이 되어서는 안 된다는 내용을 덧붙이고 있다. 그러나 특정한 행동에 대한 합의가 없더라도 회복적 절차가 성공할 수 있다. 예를 들어, 피해자는 가해자에게 자신이 범죄로 인해서 어떤 영향을 받았는지를 표현하고 가해자로부터 책임에 대한 인정을 들은 것에 대해서 만족할 수 있다.

책임수용과 사후 모니터링Accountability and compliance monitoring

사용되는 회복 전략이 무엇이냐에 따라서, 배상 책임reparative responsibilites, 처우 요건treatment requirements, 그리고 (선주민 공동체에서 indigenous communities) 전통적인 치유traditional healing와 공동체를 세우는 의식 등 매우 다양한 방법들이 있다. 기본원칙 제7조에서는 "합의는 자발적인 의사에 따라 이루어져야 하고, 합리적이고 적절한 수준의 의무만을 포함해야 한다"고 말한다. 회복적 절차에서 합의된 내용을 이행하고 있는지 모니터링하는 방식이 있어야 한다. 이행에 대한 사후 모니터링compliance monitering은 공동체와 형사 사법 시스템에서 해당 프로그램의 신뢰성을 담보하는 매우 중요한 수단이다.

각 회복적 프로그램은 가해자나 다른 당사자들이 회복적 절차에서 합의된 내용을 수행하고 있는 여부를 어떻게 모니터링할 것인지 결정해야 한다. 모니터링 방식은 여러 가지이다. 모니터링 방식이 반드시 프로그램 내부에 있어야 하는 것은 아니다. 모니터링 작업이 예를 들어 경찰, 보호관찰관, 혹은 가해자의 사회 복귀를 돕는 기관(예를 들어, 약물치료 기관, 상담 서비스 기관, 재정 지원기관 등)에 할당될 수 있다. 많은 저소득 국가에서는 당사자들의 합의 수행에 대한 모니터링이 사회적 자기규율이나 지역사회의 구성원들에게 맡겨져 있다.

양형서클sentencing circle 활동을 부과한 경우, 판사는 (회복적 절차를 관리하는 책임을 맡고 있는) 사법 위원회와 지원 조직에게 정기적인 보고를 요청함으로써 합의에 관해 살펴본다. 판사는 모니터링 책임을 지시하여 서클의 결론에 대해 강제력을 강화할 수 있다. 판사는 또한 후속 청문 절차를 통해 합의가 이행되었는지 여부를 살펴보면서 징역형이나 다른 제재 등에 관한 최종 판단을 보류할 수 있다.

기본원칙 제17조The Basic Principles para.17는 다음과 같이 규정하고 있다. "회복적 절차에서 이루어진 합의를 이행하지 않은 경우 회복적 프로그램에 회부하거나 국내법에서 정한 바에 따라 기존의 형사 사법절차에 회부해야 하며, 진행방법에 대한 결정은 지체없이 내려져야 한다".[122] 마찬가지로 중요한 것은, "다른 사법 결정이나 판결에 비해 합의 이행을 하지 않은 것이 후속 형사 사법절차에서 더 엄격한 양형을 정당화하는 근거로 이용되어서는 안 된다"는 점이다. 일부 사법 시스템에서는, 회복적 사법절차에서 가해자가 자신의 의무를 이행하는지 여부를 모니터링하도록 특정 기관에 명문의 규정을 두는 경우도 있다.

예를 들어 오스트리아에서는 피해자-가해자 조정Victim-Offender Mediation, VOM 합의의 결과를 어기고 가해자가 금전지급을 이행을 하지 않을 경우, 해당 사건을 맡고 있는 사회복지사/조정자Social Worker/mediator가 가

---

121 Economic and Social Council resolution 2002/12, annex.

122 Economic and Social Council resolution 2002/12, annex.

해자와 접촉하여 합의내용을 이행 하지 않는 이유를 파악하게 된다. 해당 상황에 적합한 해결책을 찾을 수 있는 것이 일반적이다. 그러나 반복적인 개입과 문서 독촉에도 불구하고 가해자가 전혀 대응을 하지 않으면, 해당 사건은 검사 사무실로 이관되어 후속 절차가 진행된다. 조정자는 피해자에게 형사 절차나 혹은 민사 절차를 통해서 보상을 받을 수 있는 여러 가능성에 대해서 알려준다.

5.6 유용하고 효과적인 프로그램 지원 서비스

　회복적 사법 프로그램이 직접적으로 공동체의 돌봄을 만들고, 피해자에게 지원과 도움을 제공하고, 가해자의 사회복귀와 사회적 재통합을 지원하기 때문에, 여러 지원 서비스와 공동체 자원과 연계된 프로그램이 필요하다. 마약이나 알코올 중독 치료 센터, 회복 지원 프로그램, 정신 건강 치료, 고용 지원, 종교적 혹은 영적 지원 프로그램 등이 대표적이다. 이러한 서비스가 있다면, 올바른 파트너십이나 적절한 유관기관 합의, 혹은 서비스 교환 방법을 만드는 것이 필요하다. 적절한 서비스가 없거나 혹은 가해자가 피해자가 해당 서비스에 접근하기 어려운 상황이나 공동체에서는 회복적 사법 프로그램과 병행할 수 있는 서비스를 개발하는 것이 핵심이다.

5.7 공동체의 참여와 관계

　회복적 사법 프로그램은 회복적 절차에서 공동체의 역할을 부여하는 것이 일반적이다. 일부 사건의 경우, 공동체는 직간접적으로 범죄 피해의 영향을 받게 된다. 회복적 사법 프로그램에서 "공동체"를 어떻게 정의하느냐는 공동체가 회복적 절차에 참여하는 정도와 범위를 결정하는 매우 중요한 기준이 된다. 불행하게도 "공동체"의 개념은 실무적으로 조작적 정의operationalize(조작적 정의 – 개념을 측정이 가능하도록 지표화, 구체화하는 것: 역자주)를 하기가 무척 어렵다.

　다음 질문들은 주로 실무적인 답변을 요구한다. 공동체가 회복적 사법절차에 참여하려는 의지에 대한 질문은 제쳐두고, 반드시 공동체가 해당 절차에 참여할 필요가 있다고 볼 수 있는가? 회복적 사법절차의 모든 참가자가 특히 다수의 가해자가 여러 집단에 속해 있을 때 그들을 동일한 공동체에 속해 있다고 볼 수 있는가? 가해자가 범죄로 인해 영향을 받는 공동체의 구성원이 아닐 때, 해당 가해자를 회복적 사법절차에서 배제해야 하는가? 공동체는 항상 포용적benevolent이어야 하는가?

　실무적으로, 회복적 사법 프로그램은 공동체를 다양한 방법으로 정의하고 있다. 다수의 회복적 절차는 피해자와 가해자를 공동체가 지원하거나 또는 공동체가 돌보는 것을 포함한다. 피해자와 가해자를 지원해야 할 필요성이 클 때, 해당 범죄로 직접적인 영향을 받고 있는 사람들로 "돌봄 공동체community of care"를 구성하여 갈등 해결에 참여하고, 가해자의 재통합reintegration을 촉진하고, 피해자를 지원하는 경우가 종종 있다.[123] 공동체는

123 Hoyle and Rosenblatt (2016), "Looking Back to the Future"; Schiff, M. (2007), "Satisfying the Needs and Interests of Stakeholders", in Johnstone, G. and Van Ness, D. (eds.), *Handbook of Restorative Justice*, Cullompton: Willan Publishing, pp. 228 – 264.

또한 상징적으로 혹은 공식적으로 공동체를 대표하는 사람들로 구성될 수 있다. (예를 들어, 공동체 구성원에서 자원 봉사하는 사람들, 지역 공동체의 리더들, 연장자들)

많은 회복적 사법 접근방식에서 공동체 구성원들은 갈등 해결과 가해자나 다른 당사자들의 합의 수행 등에 대해서 더 확장된 역할을 맡고 있다. 다양한 회복적 사법 프로그램에서 공동체의 참여 수준과 범위는 매우 다양하다. 예를 들어, 피해자–가해자 조정VOM프로그램에서 조정자와 가해자, 그리고 피해자만 프로그램에 참여하고, 공동체는 빠진다. 반면에 양형관련 서클circle sentencing에서 진행 과정은 모든 지역 이웃이나 마을 사람, 혹은 선주민 집단indigenous group에게 개방되어 있다.

공동체의 일부 구성원들은 처음에는 회복적 사법절차가 전통적인 형사 사법 시스템과 처벌 방식에 비해서 가해자에게 더 관대하고 범죄 예방에 덜 효과적인 방법이라고 볼 수 있다. 회복적 사법 프로그램은 가해자를 가볍게 처벌한다는 인식을 심어줄 수 있는데, 특히 더 무거운 죄에 대해서 더 그런 인식이 있다. 따라서, 회복적 사법의 원칙과 실무에 대해서, 그리고 공동체의 구성원이 수행하는 잠재적인 역할에 대해서 공동체를 교육하는 자료와 프로그램을 잘 개발하는 것이 항상 중요하다. 보다 장기적인 영향을 위해서, 회복적 사법은 학교와 대학 커리큘럼에 포함될 수 있다.

주요 사항 요약

1. 회복적 사법 프로그램의 성공적인 운영을 위한 핵심 요소는 프로그램의 적절한 회부, 회복적 선택에 대한 인식 제고, 피해자의 안전하고 의미 있는 참여, 형사 사법 전문가의 참여, 참가자의 적절한 사전 준비, 회복적 절차에 대한 유능한 진행자의 진행, 효과적인 프로그램 지원과 긍정적인 공동체 관계 등이다.

2. 프로그램에 의뢰하는 것은 피해자, 가해자의 요청뿐만 아니라 경찰, 검사, 교정 공무원, 비정부기관NGO, 그리고 다른 공동체 자원 등에 의해서 발생할 수 있다. 많은 사법 시스템에서 사건 의뢰에 관한 기준이 명문화되어 있지만, 의뢰 절차가 정책이나 관계기관의 합의에 의해서 수립되는 경우도 있다.

3. 새로운 프로그램을 설계할 때 공무원 중 누가 회부 결정에 관하여 궁극적인 책임을 부담할 것인가, 피해자와 공동체가 이것을 어떻게 인식할 것인가에 관한 정당한 문제점들을 매우 심도있게 다루어야 한다.

4. 프로그램은 회복적 선택에 대한 정보를 피해자, 가해자, 공동체뿐만 아니라 모든 사법 공무원justice officials과 소통할 지속적인 정책을 가지고 있어야 한다. 이들은 사건을 프로그램에 의뢰하는 위치에 있는 모든 단계의 당사자들이다.

5. 프로그램 매니저는 효과적인 의뢰를 다음 방법을 통해 촉진해야 한다.
   • 의뢰 절차와 기준에 대한 명확한 기준 제작과 소통
   • 사법 실무자justice personnel를 독려하는 지속적인 협의와 소통의 캠페인
   • 유관기관 간 협력 방법 개발
   • 데이터 공유 방법 개발
   • 적합성 평가에 관한 합의된 절차 개발
   • 이관 기관에 적시 사건 관련 피드백과 정보 제공
   • 프로그램 운영과 성과에 관한 정보 공동체

6. 회복적 사법 프로그램에 피해자 참여를 독려할 수 있는 지표가 포함되어야 한다. 피해자들은 회복적 사법의 가능성에 대해서 정보를 제공받을 권리가 있다.

7. 회복적 절차와 제시된 대화 방식이 피해자와 가해자의 요구와 역량, 그리고 문화적 전통을 고려하여 충분히 유연하게 적용하는 것이 중요하다.

8. 많은 사례에서 의뢰 기관은 회복적 절차의 의뢰가 피해자나 가해자에게 피해나 괴롭힘을 당하는 위험이 발생하지 않도록 충분한 검토작업due dilignece을 진행해야 한다. 반드시 당사자들의 위험과 의뢰의 적합성을 주의 깊게 검토해야 한다.

9. 회복적 사법절차를 진행하기 전에 참가자들의 준비는 해당 절차의 성공과 공정성에서 매우 중요하다. 참가자들이 회복적 절차 참여에 동의하기 전에, 당사자들은 그들의 권리와 회복적 사법절차의 본질, 참여를 결정했을 때 발생 가능한 결과, 모든 불만 사항의 절차적 세부 내용에 대해서 충분한 정보를 제공받아야 한다.

10. 준비 단계는 적합성 평가, 참가자들이 해당 절차에 진솔하게 참가하려는 의지(혹은 동기)에 대한 평가를 포함해야 한다.

11. 진행자의 역할은 회복적 절차의 성공에 매우 중요하다. 진행자의 모집, 선발, 교육, 감독이 주의 깊게 진행되어야 한다.

12. 회복적 사법절차가 대화를 촉진하는 것 이외의 또 다른 중요한 목적은 합의를 모색하는 것이다. 합의는 모든 당사자들의 대화와 공감으로 도출되어야 한다. 각 합의는 범죄 피해자, 가해자, 그리고 공동체의 특정한 요구에 부합해야 한다.

13. 회복적 절차로 도출한 합의의 내용이 수행되고 있는지 모니터링하는 방식이 반드시 있어야 한다.

14. 회복적 사법 프로그램은 공동체가 긍정적으로 참여할 수 있는 방법을 찾아서 해당 공동체가 매체를 통해서 폭넓은 공동체의 지원을 개발할 수 있도록 해야 한다. 회복적 사법 프로그램은 정직과 투명성에 바탕을 둔 확고한 대화(소통)의 계획을 수립해야 하는데 프로그램 참가자의 프라이버시를 보호하기 위해서 투명한 소통이 일부 제한될 수 있다.

6. 중범죄에 대한 회복적 사법의 적용

회복적 사법은 해결력이 있는 접근방법이다. 2017년 형사 사법의 회복적 사법에 관한 전문가 그룹 회의는 지난 15년 동안 회복적 정의가 역사적으로나 체제적으로, 또는 제도화된 학대와 인권침해 뿐만 아니라 중범죄, 다수 피·가해자가 연루된 사건, 혐오범죄 및 조직 내 갈등을 포함한 광범위한 영역에서 유망한 성과를 보였다고 평가했다.[124]

흔히들 회복적 사법이 "본질적으로 형사 사법체계의 주된 업무에 딸린 부가물"[125]이라는 가정과는 달리, 실무자들과 연구자들은 형사 사법 체계의 대안이 아니더라도, 중범죄 발생 상황에서 보완책으로 유용할 수 있다는 것을 발견했다. 물론, 그 어떤 범죄라도 피해자와 다른 관련자들에게는 심각한 결과가 발생한다. 하지만, 이장에서는 친밀한 파트너에 의한 폭력, 살인, 중상해, 성폭력, 혐오범죄 및 아동학대와 같은 범죄를 주로 다룰 것이다.

회복적 사법프로그램은 초범이나 상대적으로 경미한 범죄[126]에 대해서 주로 적용되어 왔지만, 치유의 성격은 중범죄 상황에서 더 잘 나타난다. 회복적 사법에서의 피해자 권한부여의 경험은 중범죄 사건에서도 주류 형사 사법절차에서 나타나는 피해자의 수모humiliation, 권한박탈, 정보부족 및 통제력 상실에 대항할 수 있는 것으로 나타났다. 회복적 사법은 중범죄를 저지르는 패턴이 뚜렷한 범죄자에게도 효과적일 수 있다.[127]

회복적 사법은 피해자가 사건발생 이유를 알고 싶거나 다른 개인적인 이유로 가해자를 만나고 싶을 때 조정과정을 제공할 수 있다. 예를 들면, 회합conferencing은 폭력이나 다른 중범죄를 포함해서 모든 유형의 범죄를 다룰 수 있다.[128] 범죄의 심각성 때문에 회부가 망설여질 수도 있는 큰 피해를 입은 사례라도 피해자에게 큰 도움이 될 수 있다.[129]

중범죄의 경우, 회복적 사법절차에 피해자 참여는 피해자와 가해자 사이의 의사소통을 위한 다른 수단을

---

124 *Outcome of the Expert Group Meeting on Restorative Justice in Criminal Matters: Report of the Secretary-General*, Commission on Crime Prevention and Criminal Justice, Twenty-seventh session, E/CN.15/2018/13.

125 Cunneen, C. (2010), "The Limitations of Restorative Justice", in Cunneen, C. and Hoyle, C. (eds.), *Debating Restorative Justice*, Oxford: Hart Publishing, pp. 101-187, p. 184.

126 Shapland, et al. (2011), *Restorative Justice in Practice*.

127 Sherman, L. and Strang, H. (2012), "Restorative Justice as Evidence-based Sentencing", in Petersilia, J. and Reitz, K. (eds.), *The Oxford Handbook of Sentencing and Corrections*, Oxford: Oxford University Press, pp. 215-243.

128 Zinsstag, et al. (2011), *Conferencing: A way forward for restorative justice in Europ*.

129 Strang, H. (2012), "Conferencing and victims", in Zinsstag, E. and Vanfraechem, I. (eds.), *Conferencing and Restorative Justice: International practices and perspectives*, Oxford: Oxford University Press, pp. 82-98.

통해, 형사 사법제도의 다양한 단계에서 일어날 수 있다. 조정과정이 피해자의 슬픔을 없앨 수는 없지만, 어떤 경우에는 피해자들에게 "가해자에 대한 소모적 증오"가 감소되어 자신에게 일어난 일을 잘 처리할 수 있는 기회가 될 수 있다.[130]

회복적 사법은 아동이 폭력의 피해자인 경우에도 적절한 대응책이 될 수 있다.[131] 회복적 사법은 가족, 친구, 지지자의 지원을 받아, 아동피해자가 자신의 욕구needs에 따라 절차에 참여할 수 있는 환경을 제공할 수 있다. 그리고 다양한 요구사항을 충족시키는 과정에 아동피해자가 참여하고, 대처능력과 발달 수준의 측면에서 수용가능한 환경을 제공할 수 있다. 또한 그렇지 않을 경우, 발생할 수 있는 힘들고 비우호적인 대립적 사법절차에 노출됨으로써 아동에게 발생하는 트라우마를 회복적 사법은 피할 수 있다. 아동의 권리와 욕구 충족 관점에서 이러한 접근 방식의 성공은 아동의 자발적 참여와 적절한 준비, 그 과정의 지원 정도에 달려 있다.

UNODC는 여성에 대한 폭력을 예방하고 이에 대응하기 위한 형사 사법제도 시행계획에서 회원국들에게도 여성에 대한 폭력의 맥락에서 회복적 사법절차의 사용에 대한 지침을 개발하도록 권장한다. 고위험 사례는 배제해야 하며, 피해자는 정보를 충분히 알고 절차에 자유롭게 동의해야 한다. 나아가 회복적 사법에 대한 회부는 고발이 접수되고 검사나 수사 판사가 승인을 한 후에만 이루어져야 한다.[132]

또한 여러 국가에서 가정 폭력과 성폭력에서의 회복적 사법 기준을 개발했다. 예를 들어, 뉴질랜드는 가족 폭력과 성폭력과 관련된 사건에 대한 회복적 사법 기준을 발표했다.[133] 이러한 경우에 요구되는 민감도는 추가적인 안전장치와 주의사항을 요구한다.

중범죄와 관련된 사건에 회복적 사법을 적용하는 것은 분명하게 주의를 기울여야하며 피해자와 그들의 권리를 보호하기 위한 효과적인 보호 조치가 있어야 한다.[134] 친밀한 관계 폭력, 아동학대 및 성별에 기초한 범죄의 경우 회복적 사법절차의 잠재적 이득은 상당할 수 있지만, 그러한 접근법을 적용하는 데 지나치게 낙관해서는 안 되며 때로는 범죄가 피해자들에게 끼친 깊은 정신적 충격을 염두에 두어야 한다.[135]

중범죄 상황에서, 회복적 사법의 적절성 및 위험성에 대한 논의는 계속되고 있지만, 회복적 사법이 기존의 형사 사법 대응과 혼합되어 남은 격차를 해결하고 피해자의 요구에 보다 잘 대응할 수 있다는 결론을 내릴 만큼의 충분한 진전이 있다.

---

130 Barrile, L.G. (2015), "I Forgive You, But You Must Die: Murder victim family members, the death penalty, and restorative justice", *Victims and Offenders: An International Journal of Evidence-based Research, Policy, and Practice*, 10(3), pp. 239－269, p. 243. See also: Bolitho (2017), "Inside the Restorative Justice Black Box".

131 Gal, T. (2011), *Child Victims and Restorative Justice*, New York: Oxford University Press.

132 132 UNODC (2017), *Strengthening Crime Prevention and Criminal Justice Responses to Violence against Women*, New York: United Nations, p.77.

133 Ministry of Justice of New Zealand (2013), *Restorative Justice Standards for Sexual Offending Cases*, Wellington, New Zealand: Ministry of Justice: www.resolution.institute/documents/item/3827; Ministry of Justice of New Zealand (2018), *Restorative Justice Practice Standards for Family Violence Cases*, Wellington, New Zealand: Ministry of Justice: www.justice.govt.nz/assets/Documents/Publications/rj-specialist-standards-in-family-violence-cases-2018.pdf.

134 위의 pdf 자료.

135 Gustafson (2005), "Exploring Treatment and Trauma Recovery Implications of Facilitating Victim Offender Encounters in Crimes of Severe Violence".

6.1 중범죄 사안에서 고려해야 할 것들

중범죄의 경우 회복적 사법의 적합성에 대한 우려 때문에 심각하고 폭력적인 범죄와 관련된 상황에서 회복적 사법 프로그램의 시행은 매우 조심스럽게 진행되어 왔다. 이에 고려해야할 요소에는 다음과 같은 것들이 있다: 피해자의 안전에 대한 우려; 가해자와 피해자 사이에 종종 나타나는 힘의 불균형; 피해자에게 미치는 범죄의 트라우마적인 영향; 회복적 사법절차 자체가 트라우마 악화의 원인이 될 가능성; 회복적 절차에 의한 피해자의 재피해 가능성; 가해자가 불성실할 가능성, 갈등 해결의 부정적 전망, 피해자가 심리적으로 회복적 사법절차에 참여할 준비가 되어 있는지 확인할 필요성, 후속 지원을 위한 피해자 지원 서비스 부족. 이러한 주의점은 일반적으로 중범죄와 관련되었을 때 나타나지만, 범죄의 종류에 따라 다르게 적용될 수 있다. 따라서 회복적 사법절차가 참가자, 특히 피해자에게 해를 끼치지 않도록 하기 위해서는 법·절차적 안전장치가 필요하다. 이하에서는 이러한 주의사항의 일부를 검토하고 이를 어떻게 해결할 수 있는지 검토한다.

중범죄 피해자와 관련한 주요 고려사항

트라우마: 심각한 범죄는 종종 피해자에게 트라우마적 충격을 준다. 회복적 사법절차 자체가 트라우마를 악화시킬 수 있다는 우려가 있다. 그 절차에서 피해자가 재피해가 발생될 수도 있다는 두려움도 있다.

피해자의 안전: 피해자의 안전에 대한 우려 때문에, 회복적 사법은 종종 다른 형태의 개입이 동반되고 지원되어야 하며 회복적 사법절차 전, 중, 후에 피해자의 안전을 보장하기 위한 특별 조치가 취해져야 한다.

피해자 평가: 피해자를 평가하여 심리적으로 회복적 사법절차에 참여할 준비가 되어 있는지 확인할 필요가 있다.

피해자 지원: 피해자는 회복적 사법절차에 참여하기 전, 중, 후에 지원이 필요하다. 후속 지원을 위한 피해자 지원 서비스가 부족한 것은 지역사회에 적합한 자원이 부족해 고민인 경우가 많다.

가해자의 준수사항 이행: 피해자를 지속적으로 보호하고 가해자가 준수사항을 이행할 수 있도록 하기 위한 효율적인 조치가 부족한 것에 대해, 회복적 과정에 참여한 피해자들의 불만도 잦다.

힘의 불균형: 회복적 사법은 지속된 폭력과 학대에 관련된 관계에서 주로 나타나는 힘의 불균형 때문에 피해자를 더 많은 피해의 위험에 노출시킬 수 있다. *기본 원칙*(para. 9)에서는 "당사자 간의 문화적 차이뿐만 아니라 힘의 불균형으로 이어지는 차이도 고려해서 사안을 회부하고, 회복적 절차를 수행해야 한다"고 설명한다.[a]

피해자에 대한 압박: 피해자는 다른 사람에 의해 강요당한다고 느끼거나, 가해자에게 겁을 먹거나, 부동의를 자제하거나, 보복이 두려워 목소리를 높이는 것을 느낄 수 있다.

a   Economic and Social Council resolution 2002/12, annex

피해자의 안전

중범죄 사건에 회복적 사법을 적용할 때에는 피해자의 안전을 보장하기 위한 안전장치와 추가적인 조치를 절차 이전·도중·이후 모두에 마련하고 지원해야 한다. 그리고 적절하고 지속적인 평가와 피해자와 가해자 모두의 참여에 대한 철저한 준비는 필수적이다. 여기에는 사건의 적격성을 판단하기 위한 위험도 평가

도구의 사용, 피해자 안전계획 수립뿐만 아니라 피해자가 회복적 사법절차에 참여할 수 있는 준비상태와 법원의 보호명령 발급, 모니터링 및 시행 등이 포함될 수 있다. 또한 경우에 따라 관련된 위험을 완화하기 위해 다중 서클 절차에 의존하는 것도 가능하다. 필요할 때마다 안전 또는 위험 완화 계획을 수립하고 실행해야 한다. 피해자 지원 기관은 회복적 사법절차에서 피해자의 권리를 보호하는 데 도움을 줄 수 있다.

회복적 사법절차에서의 위험관리

위험 관리risk management 또는 "위험 완화risk mitigation" 계획은 다음과 같다.
- 참가자의 잠재적인 위해 원인 파악
- 어떤 일이 발생할 가능성 평가
- 발생할 경우 부정적인 결과 고려
- 이러한 위험을 완화하기 위해 구체적으로 어떤 조치를 취할 것인지 결정[a]

a   Ministry of Justice of New Zealand (2017), *Restorative Justice: Best Practice Framework*, Wellington, New Zealand: Ministry of Justice.

그 과정이 피해자에게 나쁜 영향을 미칠 수 있다는 두려움 때문에 가해자, 형사 사법 전문가, 피해자 서비스 제공자들이 제기하는 위험을 과대평가하는 것은 변론으로 하고, 때때로 피해자는 회복적 사법 프로그램에 참여하는 것에 거부감을 드러낸다. 그러나 대화와 회복의 가능성을 배제하지 않기 위해서는 피해자가 정보에 입각한 선택을 스스로 할 수 있는 기회를 마련하는 것이 중요하다.[136]

중범죄 피해자는 어떻게 하면 더 많이 참여가 이루어질 수 있는지를 보여주었다. 중재적 접촉의 시기가 중요하다. 네덜란드의 한 연구에 따르면, 범죄와 관련하여 피해자가 느끼는 피해의 정도가 피해자가 VOM 서비스에 참여하고 혜택을 받는 데 영향을 미치는 것으로 보인다. 예를 들어, 중범죄의 피해자는 안전에 대한 두려움과 걱정을 더 강하게 느끼는 경향이 있다. 폭력 범죄의 여파로 더 강렬한 정서적 상태가 발생하는 경우가 많기 때문에 형사 사법 전문가들은 중재적 접촉시기에 피해자의 심리적 상태를 고려해야 한다. 많은 폭력 범죄의 피해자들은 형사 사법절차(검찰 단계) 초기에 회복적 사법에 참여하기를 원하지 않을 수 있으며, 감정 상태가 다소 진정된 이후(이후 선고 또는 석방) 단계에서 가해자와의 중재된 접촉을 선호할 수 있다.[137]

피해자들은 만약 사전 예방적 홍보 위주의 정의 접근법 안에서 일어난다면 회복적 사법에 참여할 가능성이 더 높다는 것을 시사했다. 회복적 절차에 참여하기로 결정한 캐나다와 벨기에 출신의 소수의 중범죄 피해자들은 다음과 같이 표현했다: 회복적 사법에 참여할 수 있는 기회에 대해 전혀 듣지 않는 것보다 배우는 것이 유리; 개인적 접촉(편지 작성) 및 일반 형사 재판 절차의 일환으로 회복적 절차에 참여하도록 초대받기를 원하는 경우; 그리고 그들의 참여가 자발적으로 유지될 것이라는 것을 알기를 희망.[138]

136   136 Mercer, V., Sten Madsen, K., Keenan, M. and Zinsstag, E., (2015), *Doing Restorative Justice in Cases of Sexual Violence: A practice guide*, Leuven: Leuven Institute of Criminology.

137   Zebel, *et al.* (2017), "Crime Seriousness and Participation in Restorative Justice".

138   Van Camp and Wemmers (2016), "Victims' Reflections on the Protective and Proactive Approaches to the Offer of Restorative Justice".

예를 들어, 사건 처리에 있어서 그들의 안전이 고려되지 않거나 절차를 알리지 않거나 목소리를 내지 않음으로써 정식 재판 절차에서 피해자가 더 많이 피해를 받을 수 있지만, 회복적 사법절차에서도 이런 일이 일어날 수 있다. 이러한 부정적인 결과를 방지하려면 다음이 필요하다: 진행자는 전문화된 진행 기술을 보유할 것; 과정의 상황과 역학에 대한 타당하고 지속적인 평가를 바탕으로 진행할 것; 또 모든 참가자의 정신적, 육체적 안전을 보호하기 위한 조치를 취할 것. 진행자는 참여자 사이에 발생할 수 있는 힘의 불균형을 해결하기 위해 언제든지 절차를 조정할 수 있어야 한다. 진행자들에게는 회복적 사법절차의 성공을 방해하거나 참여자들에게 해로운 영향을 줄 수 있는 힘의 차이를 인식하고 해결할 수 있는 기술이 있어야 함을 의미한다. 여기에는 참여자들이 회복적 사법절차에 참여하면서 나타날 수 있는 트라우마의 영향과 그 절차의 결과로 어떤 일이 일어나는지 이해하고 인식하고 적절하게 대응할 것이 포함된다.

힘의 불균형

회복적 사법의 주요 목표 중 하나는 피해자에게 권한을 부여하는 것이다. 심각하거나 폭력적인 범죄와 관련된 경우의 회복적 절차가 실제로 피해자에게 권한을 부여하고 피해자의 외상성 영향을 극복하도록 도울 수 있다는 충분한 증거가 있다.[139] 회복적 사법은 피해자의 선택 의지를 강화하고 절차에 적극적으로 참여할 수 있는 기회를 제공한 수 있다.[140] 피해자들은 그들을 도울 수 있는 사람을 선택하고, 본인들에게 적합하다고 생각하는 정보를 공유하고 보호할 수 있으며, 그들의 정의 목표에 가장 부합한 보상을 요구할 수 있다.[141]

그러나 어떤 경우에는 회복적 사법절차에서 피해자와 가해자 사이의 권력 불균형으로 인해 피해자가 더 큰 피해를 입을 수 있다. 일부 사람들은 가정 폭력의 피해자 (가정에서의 아동 폭력 피해자 포함)가 가해자와 동등한 수준으로 조정에 참여할 수 없으며 가해자가 항상 지배적이라고 주장합니다. 회복적 사법이 상호 작용의 교환이라는 점을 감안할 때, 그 과정은 당사자들 사이에 확립된 의사소통 패턴이 종종 학대자 측의 강요와 피해자에 의한 선택 의지가 없음이라는 사실을 염두에 두어야 한다.[142] 따라서 이러한 힘의 차이를 재조정하는 합의에 이를 가능성을 획득하는 것은 쉽지 않다.

기본 원칙(제9조)에서 강조된 바와 같이, 회복적 절차는 피해자와 가해자 (또는 관련된 다른 사람들) 사이에서 회복적 절차를 진행하는 동안 참여자 중 한 측을 불리하게 만들 수 있는 힘의 불균형의 영향을 고려해야 한다. 고려해야 할 불균형 중에는 성별, 연령, 지적 능력, 인종, 민족 또는 문화적 요소 또는 회복적 사법절차에 자유롭게 참여하거나, 동등하게 참여하는 개인의 능력을 크게 손상시킬 수 있는 기타 요인이 있다. 이러한 힘의 불균형은 사건을 회복적 사법절차로 언급할 때도 고려해야 한다.

139 Pelikan (2010), "On the Efficacy of Victim-offender Mediation in Cases of Partnership Violence in Austria, or Men Don't Get Better but Women Get Stronger"

140 Goodmark, L. (2018), "Restorative Justice as Feminist Practice", *The International Journal of Restorative Justice*, 1 (3), pp. 372 – 384.

141 Marsh, F. and Wager, N.M. (2015), "Restorative Justice in Cases of Sexual Violence: Exploring the views of the public and survivors", *Probation Journal*, 62(4), pp. 336 – 356; Koss, M.P., Wilgus, J.K. and Williamsen, K.M. (2014), "Campus Sexual Misconduct: Restorative justice approaches to enhance compliance with Title IX guidance", *Trauma, Violence, and Abuse*, 15(3), pp. 242 – 257.

142 Johnsen, P. and Robertson, E. (2016), "Protecting, Restoring, Improving: Incorporating therapeutic jurispru- dence and restorative justice concepts into civil domestic violence cases", *University of Pennsylvania Law Review*, 164(6), pp. 1557 – 1586.

힘의 불균형 문제는 친밀한 관계 폭력과 성폭력의 경우에 특히 중요하다. 진행자는 회복적 절차 전, 진행 도중 및 사후에 가해자에 의한 피해자의 미묘한 조작과 협박을 잘 인식해야 한다. 이것에 실패하면, 재피해자화의 가능성이 높아진다. 진행자는 폭력, 지배 및 권력의 역학에 대한 광범위한 교육을 받아야 한다. 또한, 진행자는 회복적 사법프로그램에서의 역학 관계가 긍정적이고 위협적이지 않으며 대화중 균형이 유지되도록 하는 기술을 훈련받아야 한다. 개인, 가족, 친구 및 전문가를 지원하면 건강한 균형을 회복할 수 있다.

정신적 외상의 영향

사회 복지사와 자원 봉사자를 포함한 형사 사법 전문가는 정기적으로 외상전력을 가진 고객과 일한다. 외상 정보 관리TIC, Trauma-informed care는 외상 생존자가 정서적으로 취약하지만 종종 탄력적임을 인식하기 때문에 재피해를 방지할 수 있는 강도 기반strength-based 접근방식이다. TIC는 다양한 설정에 적용할 수 있다. "안전성, 신뢰성 및 투명성, 동료 지원, 협력 및 상호성, 목소리 및 선택, 문화적, 역사적, 젠더 문제"를 촉진하는 실천요강이 아닌 다양한 원칙에 의해 알려진다.[143] 범죄와 관련이 있는지 여부에 관계없이 참여자 중 상당수가 외상 경험의 결과로 고통 받고 있을 수 있다. 자원 봉사자이든 전문가이든 회복적 사법절차 진행자는 외상의 영향을 이해하고 외상의 증상과 징후(자신 포함)를 인식해야하며 외상 정보 통신 및 조정에 익숙해야 한다. 회복적 사법절차는 융통성을 유지해야하며 후속 조치 메커니즘과 적절한 피해자 및 가해자 지원 서비스를 포함해야 한다.

가해자 책임 및 이행준수

회복적 절차에 참여하는 피해자는 때때로 가해자가 지는 책임이 부족한 것에 대해 불평한다. 그리고 회복적 사법절차는 일반적으로 상대적으로 시간이 오래 걸리고 단기적인 개입이므로 신중한 모니터링과 집행이 수반되어야 한다. 현재 대부분의 국가에서는 회복적 사법절차가 완료된 후의 의무적인 후속 조치 메커니즘이 없다. 그러나 절차의 결과가 배상 합의 또는 가해자 분노 관리, 비폭력 훈련 또는 중독 치료에 참여할 의무인 경우, 가해자 의무의 이행을 모니터링하고 법원에 의해 부과되고 있는지의 여부와 관계없이 효과적으로 집행되어야 한다.

피해자 지원 및 후속 서비스

회복적 사법절차와 후속 조치 중 피해자 지원 서비스가 부족한 경우가 종종 있다. 다양한 수준의 지역 사회 수용 능력에도, 회복적 사법 실무자들은 현지에서 이용 가능한 피해자 지원 서비스와 그들의 추천 기준을 알고 있어야 한다.

---

143 Levenson, J. (2017), "Trauma-informed Social Work Practice", *Social Work*, 62(2): 105 – 112; Kezelman C.A. and Stavropoulos P.A. (2018), "Talking About Trauma: Guide to conversations and screening for health and other service providers", Blue Knot Foundation: www.blueknot.org.au/Portals/2/Newsletter/Talking%20About%20 Trauma%20Services_WEB.pdf?ver=2018-04-06-160830-11.

이러한 서비스에 대한 매끄럽고 시기적절한 연계는 회복적 사법절차 전, 진행 도중 그리고 사후에 필요하다. 피해자들은 서비스 정보와 피해자대상의 봉사 활동은 회복적인 사법 또는 피해자 서비스 직원뿐만 아니라 사법절차에 따라 다른 형사 사법 전문가(예 : 경찰)로부터 제공되어야 한다고 지적했다.[144]

중범죄사안의 공동체 참여

중범죄 맥락에서 공동체의 이상화idealization는 주의해야 한다. 가족 내에서 또는 다른 친밀한 관계에서 폭력이 발생하는 경우, 회복적 사법절차 내에서 공동체의 역할과 관련성을 어떻게 정의해야 할지 고민할 수 있다. 여기에는 범죄 신고 후 일부 피해자들이 겪는 거부와 따돌림, 문제가 있는 공동체의 태도, 다양한 배경의 여성에 대한 통합 문제, 피해자를 지원하기 위한 다양한 수준의 공동체 자원에 대한 문제를 고려할 때 공동체의 역할에 대한 질문이 포함될 수 있다.[145] 모든 공동체가 이러한 형태의 회복적 사법에 참여할 준비가 되어 있지는 않으며, "공동체"에 대한 불합리한 가정을 경계해야 한다.[146]

6.2 특정 범죄 분야의 회복적 사법

앞서 언급한 일반적인 주의점 외에도 특정 유형의 중범죄에 대해서 회복적 사법 프로그램을 적용할 때에는 다른 요소도 고려해야 한다.

친밀한 관계에서의 폭력

친밀한 관계 폭력IRV(가정 폭력 및 아동학대 포함)의 특징인 지속적인 폭력주기는 종종 관계에서 고착화된 통제 및 종속 패턴에서 비롯된다. 이러한 역학관계는 회복적 절차에 특별한 장치가 필요하다는 것을 의미하며,[147] 적절한 보호 장치 없이는 회복적 결과가 예견되지 못할 수 있다.[148]

피해자의 안전에 대한 우려와 IRVIntimate Relationship Violence 상황에서의 권력 불균형 때문에 회복적 사법은 종종 다른 형태의 개입을 함께 마련해야 하고 지원해야 한다. 모든 경우에 회복적 사법절차의 위험 평가를 기반으로 하여 절차 진행 중과 이후에 피해자의 안전을 보장하고 재외상과 재피해의 위험을 최소화해야 한다.

---

144 Wemmers and Van Camp (2016), *The Offer of Restorative Justice to Victims of Violent Crime*.

145 Rubin, P. (2010), "A Community of One's Own? When women speak to power about restorative justice.", in Ptacek, J. (ed.), *Restorative Justice and Violence against Women*, New York: Oxford University Press, pp. 79 – 102, p. 98.

146 Stubbs, J. (2010), "Restorative Justice, Gendered Violence, and Indigenous Women", in Ptacek, J. (ed.), *Restorative Justice and Violence against Women*, New York: Oxford University Press, pp. 103 – 120.

147 Rubin (2010), "A Community of One's Own?"; Uotila, E. and Sambou, S. (2010), "Victim–Offender Media– tion in Cases of Intimate Relationship Violence: Ideals, attitudes and practises in Finland", *Journal of Scandinavian Studies in Criminology and Crime Prevention*, 11(2), pp. 189 – 207.

148 Stubbs, J. (2004), Restorative Justice, *Domestic Violence and Family Violence*, Australian Domestic and Family Violence Clearinghouse, Issues Paper 9; Stubbs, J. (2007), "Beyond Apology? Domestic violence and critical ques– tions for restorative justice", *Criminology and Criminal Justice*, 7(2), pp. 169 – 187.

이러한 가운데, 특히 형사 사법에 대한 다이버젼이나 대안으로서의 회복적 사법이 이러한 폭력 범죄를 사소한 일로 만들고 사회적으로 비난하지 못하게 되는 것에 대해서 더 많은 우려가 표명되었다. 특히 여성 폭력, 가정 폭력 등 최근에야 심각성이 인정된 범죄의 경우—일부 국가에서는 여전히 심각하게 인식되지 않고 있음— 회복적 사법이 이런 범죄들을 기존의 형사 사법절차에서 다이버젼 차원으로 다루어지는 '경범죄' 범주로 되돌려 놓을 우려가 있다. 예를 들면, 가정학대/가정폭력에 대하여 이런 이유로 잉글랜드, 웨일즈 및 북아일랜드의 경찰서장 협회의 정책은 해당 범죄 분야의 결과를 결정할 때 회복적 사법을 적용하도록 지원하지 않는다.[149]

IRV 피해자는 안전이 주요 관심사이기 때문에 피해자—가해자 조정과 같은 회복적 절차가 발생시킬 수 있는 추가적인 위험성이 제기된다. 이러한 위험에는 공격적인 파트너에 의해 위협을 느끼고, 추후 보복이 두려워 자신의 주장이 동조되지 않을 것이라고 또는 주장될 수 없을 것이라는 느낌이 포함되지만 이에 국한되지는 않는다. 가해자가 회복적 사법절차를 조작할지도 모르는 합리적인 위험성이 있기 때문에 이 상호 작용의 결과는 적절하지 않을 가능성이 있고, 사법 자원을 제대로 사용하지 않으며 피해자에게 해로울 수 있다.[150]

이러한 이유로, IRV 사례에 회복적 사법을 사용하려면 피해자의 안녕과 안전을 보장하기 위한 효과적인 조치, 특별히 훈련된 진행자의 서비스, 그리고 피해자 및 기타에 관련된 위험을 평가하기 위한 적절한 과정과 기준이 있어야 한다. 예를 들어 오스트리아에서는 가정폭력 피해자에 대한 권익을 보호하기 위한 다이버전 조치인 피해자—가해자 조정은 사법당국의 의무도, 피해자에 대한 필수도 아니며 조정절차에 회부되기 전에 특정 명시적 기준을 충족해야 한다. 그러므로 가정폭력과 친밀한 파트너 폭력의 경우 회복적 사법을 적용할 수 있는 최소한의 기준을 마련하는 것이 중요하다. 이 기준은 친밀한 파트너 폭력의 경우와 부모, 자녀 또는 가족 간의 폭력 등 가정폭력의 사례에 적용될 수 있다.[151]

뉴질랜드 법무부를 대신해 실시한 피해자 만족도 조사에서 가정폭력 사건 피해자는 협의 후(76%)가 좋아진 것으로 나타났는데, 일반 사건 피해자는 70%, 성관련 사건의 피해자는 67%로 나타났다. 가정폭력 사건의 피해자들은 통계적으로 더 유의미했다. – 협의 과정을 수행하는 것이 그들의 감정을 훨씬 더 좋게 만들었다고 말할 수 있다. (다른 모든 사건에서 피해자의 38%에 비해 55% 만족)[152] 또한 IRV와 관련된 사례에서 위험을 회피하려는 회부 결정이 차별의 근원이 될 가능성과 일부 사람들이 메커니즘에 대한 동등한 접근을 거부할 가능성도 있다.[153]

149 Association of Chief Police Officers of England, Wales & Northern Ireland (2011), *Restorative Justice Guid- ance and Minimum Standards*.

150 Drost, L., Haller, L., Hofinger, V., Van der Kooij, T., Lünnemann, K. and Wolthuis, A. (2013), *Restorative Justice in Cases of Domestic Violence: Best practice examples between increasing mutual understanding and awareness of specific protection needs*, Utrecht: Verwey–Jonker Institute; Lünnemann, K. and Wolthuis, A. (2015), *Restorative Justice in Cases of Domestic Violence: Best practice examples between increasing mutual understanding and awareness of specific protection needs*, Utrecht: Verwey–Jonker Institute.

151 Wolthuis, A. and Lünnemann, K. (2016), *Restorative Justice and Domestic Violence: A Guide for practitioners*, Utrecht, The Netherlands: Verwey–Jonker Institute.

152 Ministry of Justice of New Zealand (2018), Restorative Justice Survey: www.justice.govt.nz/assets/Documents/ Publications/Restorative–Justice–Victim–Satisfaction–Survey–Report–Final–TK–206840.pdf.

153 Uotila and Sambou (2010), "Victim–Offender Mediation in Cases of Intimate Relationship Violence".

가정폭력 사례의 위험성 평가

　　IRV의 복잡성은 잠재적으로 위험한 환경을 만든다. 회복적 사법절차에 참여하는 것은 피해자와 그들과 관련된 다른 사람들을 위험에 빠뜨릴 수 있다는 것은 분명하다. 그러나 회복적 사법의 절차에 의해 피해자가 위험에 처하게 될지 알아내기는 쉽지 않다. 위험성 평가에서는 과장된 위험성 인식에 마비되어서는 안 되며, 그 중요성을 너무 빨리 부인해서도 안된다. 위험성은 가능성보다는 확률의 관점에서 평가한 후, 확률을 줄이기 위한 관리방법이 고려되어야 한다. 위험은 동적이며 변화할 것이 예상된다. 그러므로 이에 대한 평가는 피해자와의 첫 번째 접촉부터 시작하여 합리적인 후속 단계를 거치고 나서 사건이 종결된 후에만 종료되는, 지속적이고 유연한 과정이여야 한다.

　　가정폭력 사건에 대한 위험성 평가에는 다음과 같은 일반적인 위험성을 (전체목록이 아닌) 기준으로 고려해야 한다.:

- 폭력의 심각성
- 폭력과 통제의 이력
- 무기 보유, 살해 위협
- 성폭력
- 분리 이후 시간
- 정신적, 정서적, 신체적 폭력
- 잠재된 경제적 어려움
- 자해 경향과 진술 의도 또는 자살 시도
- 인식되는 실제적인 불안/자기비난/공포
- 권력 불균형의 징후(예: 협박, 비난, 폄하, 고립, 속임수, 폭력적 비하 등)
- 행동 제어와 위협
- 문화적 차이
- 식별(익명성 또는 개인 정보 보호에 위험성이 있는 경우)
- 법원 재판, 보호 명령 등 진행 중이거나 시행 중인 기타 절차의 중단
- 아동 및 기타 피해자와 가까운 사람에 대한 위험성

참조, Adapted from Wolthuis and Lünnemann (2016), *Restorative Justice and Domestic Violence: A Guide for practitioners.*

성폭력범죄

　　성범죄는 보고율, 기소율, 유죄판결율이 낮으며 자주 피해자들이 불만족을 느끼고, 범죄자들은 행동에 대해 책임을 지지 않는 경우가 많다. 이런 이유로 회복적 사법은 다른 절차가 적용될 가능성이 적을 때 피해자가 사법서비스에 접근할 수 있는 기회를 제공할 수 있다.[154] 회복적 사법은 피해자들이 상실감을 느꼈을 수도 있는 권력을 찾도록 도와줄 수 있으며, 특히 젠더 기반한 해악gender-based harms의 맥락에서 폭행을 당

---

[154] Joyce-Wojtas, N. and Keenan, M. (2016), "Is Restorative Justice for Sexual Crime Compatible with Various Criminal Justice Systems?", *Contemporary Justice Review*, 19(1), pp. 43 – 68; Mercer, *et al.* (2015), *Doing Restorative Justice in Cases of Sexual Violence*; Bourgon, N. and Coady, K. (2019), *Restorative Justice and Sexual Violence: An annotated bibliography*, Ottawa: Department of Justice Canada.

함으로써 야기된 영향력을 바로잡는다.[155] 뉴질랜드 법무부 용역 피해자 만족도 조사에서 회복적 사법절차에 참가한 성폭력 범죄 피해자의 83%가 전체 과정에 만족했다.[156] 그러나 회복적 사법이 효과적이기 위해서는 피해자와 가해자의 권리와 요구가 유지되도록 하는 것이 중요하다. 이러한 심각한 폭력범죄에서도 피해자는 종종 가해자와 대면할 의지를 나타낸다. 예를 들어 성폭행 피해자들의 검사 회부 조정 프로그램에 대한 평가는 피해자들이 가해자와 만나고 싶어하는 욕구가 범죄 유형 전반에 걸쳐 다른 조사 결과와 일치하는 것으로 나타났다. 중범죄의 피해자survivors 중 4분의 3이 직접 만나기를 원했고, 생존 피해자survivor-victim와 가해자가 친밀한 관계였던 사례로 제한했을 때 이 수치는 약간 떨어졌다.[157]

피해자들은 자신의 선택을 알고 자신이 추구하고자 하는 사법의 선택지를 결정할 수 있도록 정보를 얻고 싶어한다.[158] 성폭력 피해자들의 취약성은 피해자와 함께 회복적 사법이라는 주제로 접근할지, 언제, 어떻게 접근할지에 대한 유의점을 낳는다. 그러나 2 차 피해자의 위험이 매우 높다는 사실에도 불구하고 피해자와 회복적 사법의 가능성에 대해 논의하지 않으면 치유할 수 있는 기회가 박탈될 수 있다.[159]

프로젝트 회복- 뉴질랜드

'프로젝트 회복'은 성폭력 사건의 개입을 위해 특별히 고안된 회복적 사법절차이다. 다음과 같이 뉴질랜드 협의 모델의 확장·수정된 버전을 사용한다: 성폭력의 역학관계를 깊이 이해하고 있는 회복적 사법 진행자; 지역사회 전문가 2명 – 회복적 사법에 대한 심층적인 이해를 가진 (성폭력)피해자 전문가와 범죄 전문가; 전문적인 감독을 제공하지만 이해관계자와의 접촉이 없고 피해자 및 가해자 관련 직무 경험과 이해력을 갖춘 임상 컨설턴트(팀장)가 일단 피해자나 가해자 중 한 명과 프로젝트 회복 준비 작업을 시작한다. 회부는 형사법원 또는 지역사회를 통해서 이루어진다. 어떤 사안에서는 생존 피해자가 참여하지만, 가해자의 참석이 적절하지 않다고 평가받거나, 본인이 불참을 선택하는 경우도 있다. 어떤 사안에서는 성범죄 피해자가 실제 회의에 불참하는 것을 선택하고 대리인을 대신 파견하는 경우도 있다. 이러한 경우를 커뮤니티 패널이라고 부른다. 피해자 및 가해자와 지원자 모두의 사례 검토 과정과 준비 단계를 통해 진행 중인 면밀한 평가를 거쳐 프로젝트 직원이 회복적 협의를 용이하게 한다. 협의 과정 동안 참여자는 협의의 결과에 동의한다. 프로젝트 팀은 이러한 결과가 달성되도록 후속 작업을 수행한다.

Source: Project Restore – A Summary. Available at: projectrestoredotnz.files.wordpress.com/2016/10/project- restore-the-research- summary.pdf; See also: Koss (2014), "The RESTORE programme of restorative justice for sex crimes"

---

155   Marsh and Wager (2015), "Restorative Justice in Cases of Sexual Violence".

156   Gravitas (2018), *Ministry of Justice – Restorative Justice Survey*: Victim Satisfaction Survey 2018.

157   Koss, M. (2014), "The RESTORE Program of Restorative Justice for Sex Crimes", *Journal of Interpersonal Violence*, 29(9), pp. 1623 – 1660.

158   158Van Camp and Wemmers (2016), "Victims' Reflections on the Proactive and Protective Approach to the Offer of Restorative Justice"; Wemmers, J.-A. (2017), "Judging Victims: Restorative choices for victims of sexual violence", *Victims of Crime Research Digest*, Issue 10, Ottawa: Department of Justice Canada, pp. 12 – 17.

159   McGlynn, C., Westmarland, N. and Godden, N. (2012), "'I Just Wanted Him to Hear Me': Sexual violence and the possibilities of restorative justice", *Journal of Law and Society*, 39(2), pp. 213 – 40.

아동에 대한 폭력

폭력의 피해자인 아동는 성인의 범죄 피해자와 비교할 때 힘이 없는 지위에 있다. 아동 학대, 특히 성적 학대가 지속적으로 증가하고 있는 성향을 고려해야 한다. 아동은 가해자를 "(처벌하지 않고) 살려내기" 위해 학습하거나 그루밍되는 전형적인 통제와 강압의 관계에 있다. 회복적 사법절차에 아동 피해자를 참여시키는 것은 취약하고, 바람직하지 않으며, 스트레스를 받고 심지어 외상적인 상황에 처할 수 있다는 유효한 우려가 있다. 아동 피해자와 가해자, 그리고 잠재적으로 그 과정에 참여한 다른 참여자들 사이의 힘의 불균형 때문에, 아동은 가해자에 의해 참여하거나 용서하도록 압력을 받을 수 있다. 이러한 힘의 불균형은 절차에 참여한 사람들의 협상력에도 영향을 미치며 공정한 합의 가능성을 낮아지게 한다. 더욱이 아동 성범죄에 회복적 사법을 적용하는 것이 적절한가에 대한 질문을 받을 때, 오랜 기간 성학대를 받은 피해자들은 모니터링되고 절차를 준수해야 하는 중압감에 대해서 두려움을 자주 표현한다.[160]

아동과 관련된 경우, 아동의 최선의 이익, 특히 아동 피해자의 안건이 항상 회복적 사법절차의 전제 조건이자 핵심 목표여야 한다. 회복적 사법에 참여하기 전에 아동 피해자를 철저히 임상적으로 평가해야 한다. 현재 회복적 사법 프로그램이 아동 피해자와 관련된 사건에 적용되어야 하는지에 대한 전 세계적 합의는 없다. 국제 표준은 아동 피해자를 위한 회복적 사법의 적용을 명시으로 배제하지는 않지만, 중요한 법적 및 절차적 보호 조치가 끊임없이 요구되며 또 엄격히 준수되어야만 한다.

그런 점에서, 범죄 예방 및 형사 사법 분야의 아동에 대한 폭력 방지에 관한 유엔 모델 전략 및 실천적 대책은 "자녀에 대한 폭력과 관련된 사건의 비공식적 또는 중재적 해결은 그것이 아이에게 가장 이익이 될 때에만 이루어지며, 권력 불균형을 고려해 강제 결혼과 같은 유해한 관행을 수반하지 않도록 해야 하고, 아동 또는 그 가족이 합의 안에 동의함에 있어 취약성을 갖는다는 것과 아동이나 다른 아동의 안전에 대한 향후 위험을 충분히 고려할 것"을 경고한다.[161]

증오범죄 Hate crimes

증오 범죄에 대한 법적 정의는 매우 다양하다. 그것들은 일반적으로 피해자들에게 종종 심각하거나 정신적 충격을 줄 수 있는 다양한 수준의 중한 증오 동기가 있거나 편견 동기가 있는 범죄로 구성된다. 회복적 사법은 증오 범죄에 대한 사회적 대응에서 독특하고 중요한 역할을 수행할 수도 있다. 특히 회복 서클은 대화를 위한 포럼을 제공하고, 두려움을 줄이며, 원인을 이해하고, 고정 관념을 반박할 수 있는 능력을 가지고 있다.[162] 그러나 증오범죄를 해결하기 위해 회복적 사법을 적용하는 것은 피해를 입은 피해자와 가해자 사이의 권력 역학관계와 관련된 고유의 과제들을 동반한다. 그럼에도 불구하고 회복적 사법은 추가 폭력을

160 Jülich, S. (2006), "Views of Justice Among Survivors of Historical Child Sexual Abuse", *Theoretical Criminology*, 10, pp. 125 – 138; Jülich, S. (2010), "Restorative Justice and Gendered Violence in New Zealand: A glimmer of hope", in Ptacek, J. (ed.), *Restorative Justice and Violence against Women*, New York: Oxford University Press, pp. 239 – 254.

161 General Assembly resolution 69/194 of 18 December 2014, para. 20(h).

162 Walters, M. (2014), *Hate Crime and Restorative Justice: Exploring causes, repairing harms*, Oxford: Oxford University Press.

예방하는 데 도움이 될 수 있다. 예를 들어, 그냥 두면 더 심각한 지역사회 결과를 초래할 수 있는 증오 범죄의 낮은 범위(초기 단계)에 적용될 수 있다.[163] 또한 증오 범죄는 개별적인 피해자들뿐만 아니라 잠재적으로 전체 사회에 영향을 미칠 수 있기 때문에 회복적 사법절차에서 논의되는 모든 피해를 복구시킬 것으로 기대할 수는 없다. 단기적으로는 공포, 불안, 분노가 완화되어 수준의 감소가 일어나더라도, 장기적으로는 광범위한 사회−문화적 불평등과 표적 집단으로서의 피해에 대한 인식은 불행하게도 회복적 사법의 실천에 의해 영향을 받지 않고 남아있을 수 있다.

중범죄 피해자 사례에서 위험성 경감

심각한 위해가 발생할 경우 회복 과정이 피해자와 가해자 모두에게 예외적으로 유익할 수 있다는 연구 결과가 나왔다. 위험을 식별하고 평가해야 하며 가능한 경우 관리 및 통제해야 한다. 관리할 수 없는 추가적인 위해의 위험이 명백하다면 안전성이 보장될 때까지 절차를 진행해서는 안 된다.

피해자들은 자신의 이야기를 할 수 있어야 한다. 이것은 피해자가 토론에서 탈퇴하게 될 수 있는 범죄자의 문제에 불균형한 집중을 피하기 위해 어떤 포럼에서든 피해자들이 먼저 발언하도록 요구할 수 있다. 예를 들어, 양형서클에서, 피해자, 가해자, 그들의 지지자들뿐만 아니라 더 넓은 공동체를 위해서도, 피해자의 이야기를 말하는 것은 중요한 것으로 간주된다. 또는 피해자 또는 친척이 피해자를 대신하여 발언할 수 있다. 피해자는 가족과 친구, 그리고 가능한 경우 피해자 지원 기관과 동행해야 하며 지속적인 지원을 받아야 한다.

또한 일부 피해자들은 다양한 이유로 회복 과정에 참여하지 않을 수도 있다는 점도 인정해야 한다. 특히 피해자들이 회복적 사법절차에 참여하도록 강요받지 않고, 가능한 경우 법률 자문에 대한 권리와 그 절차에서 언제든지 탈퇴할 수 있도록 하는 것이 중요하다.

아동 피해 아동과 관련된 경우, 그들을 보호하고 그들의 동의가 진정으로 알려지고 자발적인 것이 되도록 특별히 주의를 기울여야 한다. 아동 피해자나 기타 취약계층(예: 불법체류자나 정신장애인 개인)과 관련된 일부 회복 과정에서는 보호자 또는 법률 상담자의 존재가 필요하다. 자신이 참여하도록 초청받는 과정, 본인의 동의가 알려지고 자유롭게 주어지는 과정, 어느 시점에서도 자유롭게 탈퇴할 수 있다는 점을 충분히 이해하도록 하기 위해서다.

---

163 Gavrielides, T. (2012), "Contextualizing Restorative Justice for Hate Crime", *Journal of Interpersonal Violence*, 27(18), pp. 3624–3643; Walters, M. and Hoyle, C. (2010), "Healing harms and engendering tolerance: The promise of restorative justice for hate crime", in Chakraborti, N. (ed.), *Hate Crime: Concepts, policy, future directions*, Cullomp−ton, United Kingdom: Willan, pp. 228–249.

주요 사항 요약

1. 회복적 사법은 친밀한 관계에서의 폭력, 살인, 심각한 폭력, 성폭행, 증오 범죄, 아동에 대한 폭력에 적용할 수 있지만 이에 국한되지 않고 심각한 범죄와 관련된 상황에서도 유용할 수 있다.

2. 중범죄의 경우 회복적 사법 접근법을 전통적인 형사 사법 대응과 병용하여, 주류 사법의 대응에 의한 일부 갭을 해소하고 피해자에게 힘을 실어줄 수 있다.

3. 회복적 사법에서의 권한 부여 경험은, 심각한 폭력의 경우에도, 주류 형사 사법절차에서 나타나는 굴욕, 무력화, 정보 부족, 통제력 상실에 대항할 수 있다.

4. 심각하고 폭력적인 범죄와 관련된 상황에서 회복적 사법 프로그램의 시행은 매우 신중하게 진행되어야 한다.
   다음과 같이 고려해야 할 여러 가지 사항이 있다.
   (a) 피해자의 안전에 대한 우려; (b) 범죄자와 피해자 사이에 종종 힘의 불균형이 있다는 사실; (c) 피해자에 대한 범죄의 트라우마가 영향 및 회복적 사법절차 자체가 외상을 악화시킬 수 있다는 우려;(d) 재피해에 대한 두려움 (e) 피해자를 평가하여 회복적 사법절차에 참여할 수 있는 심리적 준비가 되있는지 확인; (f) 후속 지원을 위한 피해자 지원 서비스의 부족 가능성.

5. 피해자, 가족 및 피해자의 권리를 보호하기 위한 효과적인 보호 장치가 있어야 한다.

6. 적절하고 지속적인 평가와 참여를 위한 피해자와 가해자의 철저한 준비가 필수적이다. 여기에는 사건의 적격성을 평가하기 위해 위험성 평가 도구를 사용하는 것, 피해자가 회복적 사법절차에 참여할 준비가 되어 있는지, 피해자를 위한 안전 계획의 개발 및 모니터링, 법원 보호명령의 집행이 포함된다.

7. 회복적 절차는 피해자와 가해자 (또는 과정에 관련된 다른 사람들) 사이의 회복적 절차에서 당사자 중 한 측을 불리하게 만들 수 있는 힘의 불균형을 고려해야 한다.

8. 대화, 배상 및 치유의 가능성을 잃지 않으려면, 심각한 범죄의 피해를 입은 피해자가 회복적 사법절차에 참여하는 것에 대한 정보에 근거한 선택을 할 수 있는 기회를 제공하는 것이 중요하다.

9. 아동 피해자와 관련된 경우, 아동의 최선의 이익과 아동의 안전은 항상 회복적 사법절차의 전제 조건이자 중심 목표가 되어야 한다. 회복적 사법절차에 아동 피해자들을 참여시키는 것이 그들을 취약하게 하고, 스트레스를 받게 하거나 심지어 정신적 충격을 주는 상황에 처하게 할 수 있다는 타당한 우려가 있다

10. 자원 봉사자이든 전문가이든 관계없이 회복적 사법절차 진행자는 정신적 외상의 영향을 이해하고 트라우마의 증상과 징후를 인지해야 하며 트라우마 정보에 입각한 대화와 전략에 익숙해야 한다

7. 회복적 사법 프로그램의 수립 및 시행

회복적 사법 프로그램의 성공적 이행을 위하여 정부, 공동체 및 그 지도자, NGO, 피해자와 가해자의 협력에 기반한 전략적이고도 혁신적인 접근방식이 요구된다. 새로운 프로그램에 더하여 기존의 사법 구조와 절차가 회복적 사법 요소들을 포함하도록 조정될 수도 있을 것이다.

모범 사례, 연구 증거 및 신중한 협의과정 등은 프로그램 개발에서 이루어진 모든 결정에 관한 정보를 제공해야 한다. 또한 회복적 프로그램을 특정 사회적, 법적 또는 문화적 환경에 도입하려면, 흔히 그렇듯이, 보다 온건한 시책부터 시작하여 점진적으로 또는 심지어 반복적으로 이루어져야 한다. 그러한 온건한 시책이 성공의 경험을 창출하고 공동체 자원을 강화하면서 형사 사법 체계 내에 남아 있던 망설임을 극복하여 모두가 더욱 도전적인 시책을 준비할 수 있도록 하게 된다.

지속가능한 회복적 사법 프로그램을 효과적으로 실행하기 위하여는 몇 가지 중요한 측면이 있다. 리더십, 조직 및 구조에 대한 필요뿐만 아니라 입법, 지침이나 규정에 대한 필요성을 검토하고 형사 사법기관으로부터의 지원을 확보하며 공동체 자산을 파악·동원하고 기존의 공동체 및 사법기관의 강점에 기반하여 구축하고 이행절차를 세심하게 계획하고 모니터링하는 것이 이에 포함된다. 이 장에서는 이러한 유의할 부분들을 하나씩 살펴본다.

7.1 국내 지침

많은 법역에서 회복적 개입에 대한 구체적인 법적 권한은 법률적 또는 준법률적 효력이 있는 기타 문서의 공표로 추가된다. 그러한 문서는 전형적으로 개입행위를 규율하는 특정 프로토콜protocol의 채택을 규정하거나 권고하고 있다.[164] 정부기관, 전문가 그룹 및 다양한 기구에서 개발된 지침 사례가 다수 있다. 예컨대, 스코틀랜드 정부는 실무가 및 진행자가 고려해야 할 핵심요소에 관하여 회복적 사법 서비스 제공자에 대한 법적 지침statutory guidance과 회복적 사법 서비스 제공에 관한 상세한 모범 실무 지침best practice guidance을 규정하였다.[165] 뉴질랜드에서는, 판결 선고전 절차에서의 회복적 사법 이용에만 초점을 맞추어, 법무부의 재정 지원을 받는 모든 회복적 사법 제공자 및 그 진행자에게 적용되는 회복적 사법 모범 실무 체제Restorative

---

164 Miers, D. (2001), *An International Review of Restorative Justice*, Crime Reduction Research Series Paper 10, London: Home Office, p. 79.

165 Scottish Government, *Delivery of Restorative Justice in Scotland: Guidance*, October 2017. www.gov.scot/publications/guidance=delivery–restorative–justice–scotland/.

Justice Best Practice Framework[166]를 법무부가 채택하였다. 이는 법무부에서 제작된 앞선 두 지침, 즉 *가정폭력 사건 회복적 사법 처리 기준*Restorative Justice Standards for Family Violence Cases[167]과 *성범죄 사건 회복적 사법 처리 기준*Restorative Justice Standards for Sexual Offending Cases에 각기 기반하고 있다.[168] 캐나다에서는 2018년, 정의와 공공 안전을 책임지는 주무 장관들의 연방-주-자치령 회의Federal-Provincial-Territorial Meeting에서 *형사사건상 회복적 사법 실무 원칙 및 지침*Principles and Guidelines for Restorative Justice Practice in Criminal Matters을 채택하였다.[169] 콜롬비아에서는 회복적 소년사법 시행에 관한 방법론적 가이드가 실무가들에게 지침을 제공할 수 있다.[170] 마지막으로 잉글랜드, 웨일스 및 북아일랜드 경찰청장 연합Association of Chief Police Officers of England, Wales & Northern Ireland에서는 경찰이 다이버전 수단으로 회복적 사법절차를 도입하고 운용하는 것을 지원하기 위한 일련의 지침과 최저 기준을 채택하였다.[171]

7.2 전략적 접근

기본 원칙Basic Princples(제20조)에서는 회원국이 "회복적 사법을 개발하고, 지역 공동체뿐 아니라 법집행 기관, 사법 및 사회복지 당국 간에도 회복적 사법 이용 친화적인 문화를 증진하기 위한 목적의 국가 전략 및 정책 수립을 고려"하도록 권고하고 있다.[172]

분명히 형사 사법 체계에 중대한 조직적 변화가 제안되는 경우, 그 시행에 대해서는 전략적 접근이 바람직하다. 도모되는 변화로 인해 기존의 철학, 절차 및 실무로부터 확연히 이탈을 보이게 된다면, 다른 이들의 경험에서 영감을 얻고 현장의 우수사례를 알아보며 제안된 변화를 위한 강고한 지지기반을 만들기 위하여 공개적이고 전략적으로 진행하는 것이 최선이다. 경험상으로 볼 때, 폭넓은 협의 과정이 보통 성공적인 프로그램 개발을 위한 가장 좋은 기초가 된다. 일부 사례에서는 국가적 협의가 지역적 협의나 보다 세부적인 협의에 앞서 진행된다. 지역 공동체 그룹을 포함하는 주요 이해관계인과 형사 사법 지도자에게 새로운 전략 개발에 대한 의견을 제시할 수 있고, 접근방식이나 결과에 회복적 잠재력을 가진 기존 절차를 확장하는 진정한 기회가 제공되어야 한다. 또한, 이러한 전문가 및 공동체 구성원들이 새로운 프로그램에 대하여 개인적인 주인의식을 갖도록 북돋아야 한다. 그러한 구상을 적절히 계획하기 위해서는 대개 시행 과정의 모

166　Ministry of Justice of New Zealand (2017), *Restorative Justice: Best Practice Framework*

167　Ministry of New Zealand (2018), Restorative Justice Standard for Family Violence Cases. www.justice.govt.nz/assets/Documents/Publications/rj-specialist-standards-in-family-violence-cases-2018.pdf.

168　Ministry of Justice of New Zealand (2013), *Restorative Justice Standards for Sexual Offending Cases*.

169　Federal-Provincial-Territorial Meeting of Ministers Responsible for Justice and Public Safety (2018), *Principles and Guidelines for Restorative Justice Practice in Criminal Matters*, Ottawa: Government of Canada. scics.ca/en/product-produit/principles-and-guidelines-for-restorative-justice-practice-in-criminal-matters-2018/.

170　Vázquez Rossoni, O. (2015), *Guía Metodológica de Aplicación de Prácticas y Justicia Restaurativa en las sanciones privativas y no privativas de libertad en el Sistema de Responsabilidad Penal para Adolescentes en Colombia*, Departamento Nacional de Planeación y Observatorio Internacional de Justicia Juvenil: www.oijj.org/es/docs/publicaciones/guia-metodologica-de-aplicacion-de-practicas-y-justicia-restaurativa-en-las-sanci.

171　또한 Association of Chief Police Officers of England, Wales & Northern Ireland (2011), *Restorative Justice Guidance and Minimum Standards* 참조.

172　Economic and Social Council resolution 2002/12, annex.

든 단계를 신중히 준비해야 하고, 그 과정을 모니터링하며 평가하기 위한 전략을 개발하여야 한다.

프로그램 개발에서 배운 교훈

1. 회복적 프로그램 개발의 경험은 다음의 경우에 최선이 된다: 형사 사법기관, 사회복지기관, 비정부기구, 공동체 연합, 학계 및 민간 부문을 적절히 참여시켜, 협력적 기반 위에 프로그램을 개발한다. 협력적 처리방식과 프로그램의 광범위한 소유권이 없으면, 경찰로부터 사건을 회부받거나 사법 당국자의 지원, 기타 필요한 지원을 얻는 데 어려움을 겪을 수 있다.

2. 회복적 사법 실무 개발에 잘 통합하거나 협력할 수 있는 조직환경을 조성하고 이러한 접근방식에 대해 공동체를 교육하기 위하여 효과적인 소통 전략을 사용한다.

3. 공동체 내 이해관계자 그룹 및 지지 그룹과 협의를 실시한다.

4. 견고하지만 유연한 실천 모델이 설계되어 있다. 이는 참가자를 보호하고 절차의 품질을 보장하기 위해 고안된 상세 실무 지침 및 절차와 실무 표준을 포함한다.

5. 회복적 사법 프로그램에 의뢰인을 회부하는 데 사용되는 절차와 기준에 관한 명확한 합의가 있다.

6. 참가는 자발적이고, 절차 참가자에게는 참가 여부에 관한 진정한 선택권이 주어져 있다.

7. 자원봉사자, 진행자 및 조정자의 훈련 표준과 관리감독방법이 개발되고 합의되어 있다.

8. 평가요소가 모든 회복적 사법 프로그램에 포함되어 있다.

9. 프로그램을 지속하는데 필요한 자원을 확보할 현실적인 계획이 있다. 저소득 국가의 경우, 추가 재원이 거의 또는 전혀 없는 상태에서 기존 보유 역량에 기반하여 무엇을 할 수 있는지에 관하여도 고려한다.

사례연구 – 칠레의 회복적 소년사법 시행

칠레 정부는 소년 형사 사법 체계를 개혁하는 과정에서 최초로 회복적 사법 요소 – 구체적으로는 피해자-가해자 조정 – 를 포함시켰다. 2016년 이후, 이 계획은 법무 · 인권부Ministry of Law and Human Rights의 주도하에 검찰청National Prosecutor Office, 공공변호청Public Defender's Office 및 사법부의 협력하에 진행되었다. 이 개혁은 칠레 형사입법에 회복적 사법 접근방식을 포함시키려는 것이었다. 이를 통해, 사법 전문가 문화와 사회 일반에 영향을 미칠 것으로 기대되고 있다.

이러한 변화를 증진하기 위하여 이 개혁 설계에 참여한 정책입안자와 2017년 시범 사업에 관여한 참가자들은 여러 협조체제와 절차들을 확립하였다. 이러한 절차들은 산티아고Santiago와 발파라이소Valparaiso를 포함한 다양한 시범실시 도시의 경험으로부터 배운 것이다.

시범사업 Pilot Projects

칠레 법무부가 소년사법 체계에서 회복적 사법을 시행하기 위하여 따른 주요전략은 3개 도시의 시범사업 도입이었다. 이를 통해 가해자와 피해자에게 미치는 영향과 관련된 증거들이 나오고, 주요 사법기관 간의 협조전략을 테스트하며, 법전문가 훈련에 있어 우수사례에 대한 의견을 담아내면서, 칠레의 문화와 법체계에 부합하는 조정모델의 디자인을 파악할 수 있었다. 시범사업은 또한, 그러한 모델에 대하여 검찰, 변호인, 법관 기타 관련 실무자들이 갖게 되는 의문, 두려움, 우려를 알 수 있는 효과적인 방법이다.

칠레 시범사업의 특성은 다음과 같은 특징을 갖는다:

(a) (소년형사 사법) 기관 의존적 사고에서 벗어나, 피해자와 가해자 모두가 동등한 목소리를 낼 수 있도록 하고자, 균형 잡힌 회복적 사법 모델에 기반하였다;

(b) 검찰, 국선변호인, 법무부 등 3대 주요 국가기관의 대표가 서명한 국가 차원의 협력 합의서에 의해 지원되었다;

(c) 특정 관할구역에서 이루어져, 이행을 통제할 수 있고 모니터링이 용이하였다;

(d) 점진적으로 성장하여, 매년 새로운 도시에 시범사업이 추가되었고, 조정을 이용할 수 있는 절차 단계가 서서히 증가하였다;

(e) 검사, 국선변호인, 판사 및 법무부 전문가로 구성된 2개의 (전국적 및 지역적 차원에서 편성된) 패널이 매월 만나 어려움과 과제를 논의하며, 동 프로젝트를 조직하고 시행하였다;

(f) 시범사업 개발에 대한 정기적인 입법 논의를 개최하여서, 현실적이고도 구체적인 칠레 경험에 기초한 입법이 이루어질 수 있었다;

(g) 분야별 전문가, 학계 및 국제 전문가와의 회의, 전국적 세미나 등 공개 토론을 촉진하는 여러 계획의 실현에 의하여 지원하였다; 그리고

(h) 두 연구의 실현을 통해서 학계의 지원을 받았다.

연구

칠레의 법무·인권부는 두 가지 연구에 공적 기금의 투자를 결정하였다. 이 두 연구는 사용된 방법론, 결과에 관한 지식을 창출하고, 절차의 전 과정에 걸쳐 관찰되는 장애 및 발전 요소를 문서화하는데 기여할 수 있었다. 이 연구는 칠레의 두 대학에서 수행하였는데,[a] 첫 번째 연구는 조정 모델mediation model에 대한 조언을 제공하고 시행 첫 해 동안 조직적 차원과 의뢰인들의 경험을 평가하였다. 두 번째 연구는 청소년 가해자 대상 국가적 조정 프로그램을 어떻게 할 것인가에 관하여 적절한 품질 지표를 포함하는 감독 모델supervisory model과 지배구조 시스템governance system 제안으로 이어졌다. 두 연구 모두 칠레 청소년에 대한 회복적 사법 사용의 장점과 한계, 우수 사례에 관한 견고한 증거와 의견을 제시하였다. 동시에, 중남미와 유럽연합의 협력 프로그램인 유로소셜 프로그램Eurosocial Programme의 자금 지원을 받아 훈련 워크숍과 우수 사례 정보교환을 포함하는 보완활동이 수행되었다.

장기적으로는 이러한 모든 구상들이 국가의 법제적 개혁을 수행하는 데 기여하여 형사범죄에 관련된 청소년의 처우 방식을 바꾸고 범죄 피해자들에게 귀 기울이며 배려하는 방식을 바꿀 수 있을 것이다. 나아가 이에 못지않게 중요하게 이러한 구상들이 중남미적 맥락에서 좋은 선례에 대한 지역 및 지방의 지식을 쌓고 회복적 사법이 효과를 발휘하는 데에 기여할 것으로 기대된다.

[a] Bolívar, D., Ramírez, A., Baracho, B., de Haan, M., Castillo, F., Fernández, M. and Aertsen, I. (2017), Estudio Proyecto Capacitación, Asesoría y Estudio Práctico Mediación Penal Juvenil, Informe Final, Santiago: Facultad de Ciencias Sociales, Universidad de Chile; Miranda, P., Farah, J., Bolívar, D., Fernández, M., Baracho, B. (2017), Elaboración de un sistema de supervisión para la mediación penal en el marco del nuevo servicio de reinserción social juvenil, Informe Final, Santiago: Escuela de Trabajo Social Pontificia Universidad Católica de Chile.

7.3 프로그램 설계 및 시행

단순화하기 위해 이 핸드북은 개별 프로그램에 초점을 맞추고 있다. 그러나, 국가적 맥락에서 회복적 사법을 시행하는 것은 단순히 새로운 자기충족적 프로그램을 만드는 문제가 아니다.[173] 회복적 사법은 형사재판 과정의 모든 측면에 영향을 줄 수 있고, 적절한 경우 전통적 관행을 기반으로 할 수 있다.

프로그램 설계 단계에서는 적절하고 광범위한 협의가 대단히 중요하다. 그러한 협의는 모든 이해당사자들이 새로운 프로그램에 대하여 주인의식을 갖도록 도울 수 있으며 피해자, 가해자 기타 모든 중요한 이해관계자들의 관점에서 제안되는 새로운 접근방식의 정당성을 보장할 것이다. 설계 단계에서는 다음 사항을 포함하여 몇 가지 기본적인 선택을 해야 하는데 이러한 선택은 합의에 의하여 더 잘 이루어지고 모범 사례에 관한 최신 정보에 입각하게 된다.

- 프로그램 및 모델의 유형 (적절한 설정, 개입의 유형 및 수준, 프로그램과 형사 사법 체계 간의 관계 등에 대한 결정을 포함). 많은 경우 이를 위해 공동체의 필요, 강점 및 과제에 대한 사전 평가가 필요할 수 있음
- 프로그램의 조직 및 지배구조와 형사 사법절차 관련 그 역할 (자문 기구 창설을 포함)
- 절차를 통해 추구할 결과/합의의 유형 및 동 합의 조건 준수 여부 모니터링 및 보장 방법 규정
- 우선순위 설정 및 다양한 측면의 프로그램 이행의 순서화
- 파트너 · 이해관계자의 사건을 프로그램에 회부할 책무 확보 및 사건의 적격성 기준 결정
- 사건의 적격성 및 프로그램 적합성 결정에 사용될 평가 방법 또는 절차의 결정
- 건전한 거버넌스 구조와 적절한 리더십을 갖춘 프로그램 제공
- 품질 보장을 위한 실무 표준 모니터링과 프로그램 평가에 대한 계획을 포함하여, 효과적인 프로그램 관리를 위한 계획
- 비용 예측, 예산 책정 및 프로그램 지속 가능성 문제 고려. 여기에는 예상 비용—효과 관련 문제가 포함
- 진행자 기타 인력의 모집, 선정, 교육 및 감독
- 자원봉사자의 모집, 선발, 훈련 및 역할과 감독

모델 또는 접근방식의 선택

적절한 프로그램 모델의 선택은 새로운 구상을 설계할 때 가장 중요한 결정 중 하나이다. 그 결정은 현장의 모범사례에 입각해야 하지만, 프로그램이 운영될 것으로 예상되는 범위와 우발적 상황(법적, 재정적, 문화적, 대중적 태도 등)도 의식해야 한다. 그 단계에서 프로그램 옵션과 그 시사점에 대한 좋은 정보에 기초하여, 폭넓은 협의가 시작하기에 최적의 장이다.[174] 또한 공동체의 필요와 관심사를 파악하는 것도 보통 필요한 단계이다. 마지막으로, 새로운 프로그램의 가장 필수적인 특징은 유연성과 창의성이라는 점을 유념해야 한다. 따라서, 변화하는 요구와 환경에 적응하고 그 자체의 경험으로부터 배울 수 있는 능력을 프로그램 설계

---

173 또한 Laxminarayan (2014), *Accessibility and Initiation of Restorative Justice* 참조.

174 이것은 폭넓은 협의에 근거하여, 그 자체의 우선순위와 방향감각을 갖고, 국가전략 이행의 일부가 될 수 있다.

에 포함시키는 것이 중요하다.

성취하려는 결과/합의 정의하기

회복적 사법절차의 결과에는 사과, 구두 또는 서면 합의 또는 동의, 향후 행동에 대한 약속, 배상/보상, 사회봉사가 일부 포함될 수 있다. 그러나, 회복적 절차를 통해 이루고자 하는 결과를 정의하는 것은 위 목록에서 몇 가지 선택하는 것보다 더 복잡하다. 결과에는 문제 사건이나 행동과 유의미한 연관성이 있어야 한다. 또한 결과를 정의함에는 어떻게 합의를 모니터링할지, 합의사항이 사법적 제재를 받을지 여부, 그리고 제재받는 경우, 어떻게 합의사항을 사법적으로 감독할 것인지, 어떤 준수 모니터링 체계를 수립할 필요가 있는지, 그리고 어떤 기관이 이에 대한 책임을 질 것인지에 관한 결정을 포함해야 한다. 그것은 또한 합의 이행이 실패할 경우, 어떻게 될지, 누가 조치를 취하며, 피해자와 공동체에게 통지하고, 회부 기관이 상황을 인지할 수 있도록 할 책임이 누구에게 있는지에 관한 합의된 절차를 개발한다는 의미이기도 하다.

때로는 분쟁 해결에 대한 심층적 접근과 표면적 접근이 구별된다. 모든 회복적 사법 프로그램에서 관리자와 실무자는 그 절차와 모임을 운영하는 방식에 대하여 심층적 접근방식을 취할지 아니면 표면적 접근방식을 취할지 간에 중요한 선택을 한다. 표면적 접근방식은 실체적 합의와 상당히 구체적인 결과에 도달하는 데 초점을 맞추고 있다. 한편, 보다 넓은 의미에서 회복적 사법의 목표에는 대화, 종결, 화해 및 치유를 포함할 수 있는데, 이는 일반적으로 보다 심층적 접근방식을 요하고 주요 참가자의 진정한 권한강화empowerment 를 필요로 한다.[175]

프로그램의 조직 및 위치

이론적으로, 프로그램은 형사 사법의 내부 또는 외부 어디든 위치할 수 있다. 그 결정은 주로 어느 기관이 리더십 역할을 받아들일 준비가 되어 있는지, 자원의 가용성, 기존 파트너십의 강점, 지역사회와의 관계나 정치적 지지에 달려 있다. 시행되고 있는 회복적 절차의 유형도 그 결정에 영향을 미칠 수 있다.

두 가지 일반적 접근방식이 있다. 하나는 프로그램을 사법체계 내에 두는 것(예: "통합형 프로그램")이고, 다른 하나는 그 체계 그리고/또는 공동체에서 의뢰를 받는 독립형 프로그램이다. 각 모델에는 강점과 잠재적 한계가 있다. 독립형 프로그램은 그 정당성을 확립하고 사법체계로부터 회부받는 데 어려움이 있을 수 있다. 반면, 체계 내에 통합된 프로그램은 편입되면서 그 회복적 사법의 특성이 행정 편의를 위해 희석될 위험이 있다.[176]

---

175 Barton, C. (2000), "Empowerment and Retribution in Criminal Justice", in Strang, H. and Braithwaite, J. (eds.), *Restorative Justice: Philosophy to Practice*, Ashgate/Dartmouth: Aldershot, pp. 55 – 76.

176 Daly, K. (2003), "Mind the Gap: Restorative Justice in Theory and Practice", in Von Hirsch, A., et al. (eds.) Restorative Justice and Criminal Justice: Competing or Reconcilable Paradigms?, Oxford: Hart Publishing, pp. 219 – 236; Crawford, A. (2006), "Institutionalising Restorative Justice in a Cold, Punitive Environment", in Aertsen, I., Daems, T. and Robert, L. (eds.), *Institutionalising Restorative Justice*, Cullompton: Willan Publishing, pp. 120 – 150; Blad, J. (2006), "Institutionalising Restorative Justice? Transforming Criminal Justice? A Critical View on the Netherlands", in Aertsen, I., Daems, T. and Robert, L. (eds.), *Institutionalising Restorative Justice*, Cullompton: Willan Publishing, pp. 93 – 119; Marder (2018), "Restorative Justice and the Police".

한편, 일각에서는 사법체계에 의해 운영되는 프로그램을 의심해서 참여하지 않기로 선택할 수도 있을 것으로 보인다. 반면, 다른 일각에서는 경찰이나 법원과 프로그램의 긴밀한 연계를 정당성의 보증과 보호의 원천으로 볼 것 또한 명백하다. 실제로, 이러한 기관과 공동체 간 관계의 성격과 공동체 시각에서의 상대적 신뢰도에 따라 관점이 달라지는 것은 사실일 것이다. 다른 접근방식을 대신할 특정 접근방식을 선택하기에 앞서, 이러한 관계의 성격과 프로그램의 향후 성공에 그것이 얼마나 영향을 미칠 가능성이 있는지를 고려해야 한다.

각 옵션의 장단점은 신중하게 검토해야 한다. 프로그램의 성공과 기관 간 강력한 파트너십 개발을 보장하기에 가장 가능성이 높은 접근방식에 대하여 주지의 사항과 관련된 각 관점을 고려할 것이 요구된다. 대부분의 경우, 모든 이해관계자 사이에 폭넓은 주인의식을 함양할 수 있는 지배 구조를 마련하는 데 주의를 기울일 필요가 있을 것이다.

매우 중요한 것은, 시민사회 단체 회원들과 형사 사법 공무원들의 참여하에 자문(또는 감독)위원회를 만드는 것이 종종 유용하다는 점이다. 여기서 형사 사법 공무원들은 프로그램에 대한 지침을 제공하고, 프로그램 이행 과정을 정기적으로 검토하며, 새로운 문제를 파악하여 여러 관련 기관과 효과적인 연계를 제공하며, 프로그램의 최종 평가를 위한 계획을 수립할 수 있다.

대상 사건의 결정

프로그램은 결코 "모든 사람들을 위한 모든 것all things to all people"이 될 수 없다. 새로운 프로그램을 설계하려면 필수적으로 가급적 모든 주요 이해관계자들과 협의하여 선택을 하게 된다. 프로그램은 다루게 될 사건의 유형과 선택된 사건에 따라 어떻게 개입이 달라질지를 명확하게 명시하는 방식으로 설계되어야 한다. 이는 새로운 프로그램을 설계하는 모든 측면에서 중요하지만 특히 적절한 회부 체제를 개발하고 개입을 계획하며 관련 전문가와 자원봉사자를 모집하고 교육하는 데 있어 중요하다.

법적 범죄 분류방식이 반드시 회복적 사법절차 사건의 적절성 여부를 결정하는 유일한 기준은 아니다. 회복적 프로그램이 어떤 임의적인 법적 기준에 맞는 사람들을 찾기보다 그로부터 혜택을 받을 수 있는 사람들에게 적합하도록 충분히 유연하고 융통성이 있어야 이상적이다. 새로운 프로그램은 점진적인 접근방식을 취하여 적합한 사건 중 보다 작은 단위에서 시작해서 프로그램이 발전하고 강화됨에 따라 그 기반 위에 구축해야 하는 것이 일반적이다.

중대범죄를 대상으로 할 것인지 여부의 문제에 관하여는, 흔히 덜 심각한 범죄 또는 초범 관련 문제나 사안을 대상으로 삼는 경향이 있다. 프로그램이 처음 시행될 때에는 그렇게 하는 것에 일정 부분 타당한 이유가 있을 수 있다. 그러나 앞 장에서 논의한 바와 같이 중범죄 관련 사건에서 회복적 사법절차가 성공적으로 적용될 수 있다는 명백한 증거가 있다. 사실, 다른 접근방식을 사용할 수 있는 덜 심각하거나 피해자 없는 범죄의 경우에는 회복적 접근방식이 너무 심할 수 있다. 만약 프로그램에 중범죄를 받아들일 경우 평가 수행, 비밀 보호, 피해자 및 다른 참가자들의 안전 보장을 위한 절차와 도구를 포함하여 앞 장에서 제시된 추가 교육 및 기타 예방 조치에 대한 계획을 세울 필요가 있다.

또한 일정한 유형의 범죄에 대해서는 회복적 사법을 사용하는 경우, 다른 범죄의 경우보다 더 논란이 있다는 점을 명심해야 한다. 해당 사건에서 가장 논란이 되는 것은 공동체의 특성, 문화적 맥락, 프로그램의 성격 등 여러 요인에 따라 달라진다. 앞서 기술한 바와 같이, 예컨대 가정폭력이나 성폭력의 경우 회복적 사법의 사용에 대하여는 자주 논란이 있고 때로는 반대되기도 한다. 반발의 근원과 논쟁의 근거를 파악하고 다루는 적절한 의사소통 전략이 도움이 될 수 있다.

우선순위 설정

모든 성공적인 프로그램은 그 서비스 제공에 있어 우선순위 문제에 직면하게 된다. 프로그램을 선택하는 모든 사람들에게 전부 조정 서비스를 제공하는 계획이 항상 가능한 것은 아니다. 그러나, 단순히 가해자의 특성만으로 일부 피해자에게는 기회를 제공하고 다른 피해자는 배제하는 것은 정당화되기 어려울 수 있다.[177] 특정 범죄자를 차별하는 방식으로 이 원칙이 적용되지 않도록 여전히 주의를 기울여야 한다 하더라도, 명백히, 우선순위 설정에 영향을 주는 기준 중 하나는 절차가 피해자와 공동체에 대해 갖는 중요성의 정도이어야 한다. 또한 이러한 선택은 프로그램 설계 및 운영의 다른 모든 측면(예: 프로그램 비용, 비용-효율성, 대중의 지지 가능성, 충분한 회부 가능성)에도 영향을 미친다.

경제성과 효과성 모두를 보장하기 위해, 회부 및 사건수리결정의 지침으로 프로그램 표준(그리고 경우에 따라서는 국가 표준)이 필요하다. 절차에 관련된 다른 기관들의 자원과 마찬가지로, 각 프로그램의 자원은 필연적으로 제한될 수 밖에 없다. 표준 수립 정책 및 우선순위 지침은 가능한 한 서비스에 대한 수요 및 잠재적 수요, 다양한 작업에 필요한 자원 및 각 사건 유형별로 필요한 자원에 대한 경험적 정보에 기초해야 한다.

일부 서비스에서는 후순위와 선순위 사건의 필요를 충족하기 위해 패스트트랙과 집중 프로그램을 개발하여 우선순위 문제를 다룰 수 있다. 다른 서비스에서는 다양한 유형의 사안에 대해 다른 수준의 서비스를 제공하기로 정할 수도 있다. 모든 경우에 프로그램 담당자와 회부기관의 의사결정을 용이하게 하기 위한 명확한 정책과 지침이 중요할 것이다.[178] 서비스에 의해 확립될 우선순위 또한 논의되어야 하며 가능한 경우, 회부기관과 협의하여야 한다. 사안의 우선순위를 정하기 위해 각각 다른 사안을 일련의 표준과 관련하여 평가해야 하는 경우, 프로그램 내부 및 회부기관 관련 모든 전문가에게 적절한 훈련이 제공되어야 한다. 이러한 표준이 프로그램 담당건수와 목표 달성 능력에 미치는 영향은 주의 깊게 모니터링해야 한다.

파트너 및 이해관계자의 참여 확보

다양한 프로그램 파트너의 역할이 법률이나 정책에 명시되어 있지 않은 경우, 모든 이해관계자의 책무를 구체적으로 명기하고 확보하는 것이 중요할 것이다. 가능하면 (예컨대, 거버넌스, 프로그램 정책 설정, 우선순위 설정, 사건 회부, 절차에 대한 감독, 합동 연수, 비용 분담, 정보 흐름, 데이터 공유, 프라이버시와 정보 비밀 보호, 파트너 간의 분쟁해결 및 대중소통 등과 같은 문제에 관하여) 기관 간 프로토콜과 공식 계약서를 개발하는 것이 바람직하다.

---

177 Marshall, T. F. (1999), *Restorative Justice: An overview*, Home Office, Research Development and Statistics Directorate, London, United Kingdom.

178 위의 책.

국가적 시행 절차는 흔히 절차와 그 결과를 테스트하기 위하여 하나 또는 그 이상의 시범사업 프로그램으로 시작한다. 이러한 시범사업 프로그램들은 프로그램 관리자 기타 주요 이해관계자와 협력하여 독립적으로 평가해야 한다. 평가 결과를 통하여 모델을 보다 일반적으로 시행하기 위해 필요한 프로그램의 개선점을 확인하고, 신중한 정책 담당자와 회의적인 인구층을 안심시킬 수 있다.

지배구조 확립

견고하고 탄력적인 프로그램은 일반적으로 (공동체를 포함한) 모든 파트너와 자금 제공자의 우려와 요구사항을 충족하는 명확하고 관리가능하며 책임 있는 지배구조를 갖고 있다. 그것은 모든 참여자의 책무와 책임을 명확히 기술하는 지배구조이어야 한다. 여기에는 (a) 프로그램의 일상 운영, (b) 관리자, 직원 및 전문 진행자의 모집, 훈련 및 감독, (c) 재정 관리 및 예산 편성, (d) 프로그램 목표 및 우선순위 설정, (e) 운영 정책 결정, (f) 적절하고 안정적인 자금 확보, (g) 공동체 관계 및 언론과의 소통, (h) 성과 모니터링 및 평가에 대한 책임이 포함된다.

프로그램 관리

회복적 사법 가치와 원칙을 잘 이해하고 강한 의지가 있는 개인들이 프로그램을 관리하고 지도하는 것은 대단히 중요하다. 프로그램 관리는 모든 기관 및 비정부 프로그램 이해관계자를 대표하는 헌신적인 프로그램 자문위원회로부터 지원받을 수 있다.

지배구조가 구축되면, 몇 가지 운영정책을 수립해야 한다. 이 또한 파트너 및 주요 이해관계자와 협업 및 협의하에, 정보 관리와 데이터 개인 정보 보호, 사건 회부 절차 및 과정, 사건 관리, 전문성 개발, 홍보, 프로그램 수행, 프로그램 평가 및 모니터링에 대한 운영 정책과 절차를 포함하도록 이루어져야 한다.[179]

비용 예측, 예산 책정 및 자금 조달

경제성을 달성하거나 비용-효율을 극대화하기 위해 시행되는 경우에도, 조직 변화나 새로운 프로그램과 관련하여서는 불가피한 비용이 있다. 비용-효율 접근방식이 일반적으로 비용-무상인 것은 아니다. 프로그램 설계에는 (예컨대, 일정 기간 내에 처리할 업무 유형별 또는 예상 사건수별) 관련 비용에 대한 현실적인 평가가 포함되어야 한다. 독립 기관의 경우, 적절한 프로그램 사업 계획의 개발은 보통 이해관계자 및 자금지원 기관과의 좋은 관계를 위한 기초가 된다. 프로그램 설계의 근거가 되는 작업 가정working assumption과 그 추정 비용은 명확하게 기술되어야 하며, 향후 이러한 비용에 영향을 미칠 수 있는 여하한 요소도 파악되어야 한다.

---

179 프로그램이 준수해야 할 국가 품질 표준(quality standards)과 이행 표준(performance standards)이 있을 수 있다. 예컨대, 영국에서는 법무부 후원 하에 2013년 RJC가 회복적 분야 전문가들과 협의하여 회복적 서비스 품질 표시(Restorative Service Quality Mark, RSQM)를 개발하였다. RSQM은 회복적 서비스를 제공하는 단체에 대한 품질표시로서, 품질 제공(quality provision)에 필요한 최소 기준을 충족함을 증명할 수 있는 단체에만 수여된다. RJC는 또한 회복 훈련 제공자를 위한 품질 표시("훈련 제공자 품질 표시(Training Provider Quality Mark)")를 교부하는 임무를 맡고 있다. 참조: restorativejustice.org.uk/rjc-training-provider-quality-mark.

가능한 경우, 자원 관리 및 이용 정책, 적절한 비용 회계 및 모니터링 메커니즘, 성과 지표의 개발은 모두 프로그램을 건전한 재정적 기반 위에 올려놓는 데 도움이 될 것이다.

회복적 사법 프로그램에 대한 투자에는 몇 가지 사회적, 경제적 이점이 있을 수 있다. 이러한 프로그램의 비용 편익과 투자 수익률(ROI) 분석은 매우 유용하다. 형사 사법 혁신을 위한 재원이 항상 제한되어 있고 기존 자원에 대한 경쟁이 치열한 환경에서 새로운 접근방식을 지원하기 위해 기존 재원을 전용하지 않는 한, 회복적 사법 프로그램이 최대한 잠재력을 발휘하며 발전하기는 어려울 것이다. 일부 관할권에서는 이러한 유형의 재투자 과정을 진행하고 있다. 예컨대, 워싱턴 D.C.의 도시 연구소Urban Institute의 정의정책센터 Justice Policy Centre에서는 지역 지도자들을 위한 정의 재투자 툴키트justice reinvestment toolkit를 개발하여 관할권마다 공공 안전 우선순위public safety priorities에 맞추어 부족한 형사 사법 자원을 사용하도록 하고 있다.[180]

공동체 기반 프로그램을 위한 자금 지원

한 판사는 공동체에 기반하는 절차에 대한 적절한 자금 지원의 필요성을 다음과 같이 설명하였다:

"공동체가 주도하는 절차를 지지하는 쪽으로 전환하였을 때, 이러한 절차는 전적으로 자원봉사자들의 활동에 편승하여 진행되리라 기대했었다. 착각이었다. 공동체 절차가 효과적이기 위해서는 자금, 훈련 및 인력이 필요하다. 자원봉사자들이 그 절차를 이끌어야 하지만, 써클 작업에 따르는 모든 책임을 떠맡을 수는 없다. 자원봉사자들이 나서서 중요한 책임을 지려면, 직원, 자원, 그리고 훈련이 필요하다. 이러한 지원 없이는 사법 전문가들을 위한 영광스런 일꾼에 불과하게 된다. 게다가, 지원은 상당해야 한다. 그렇지 않으면, 써클 기타 이와 유사한 공동체 구상은 결국 실패할 수 밖에 없다."

진행자Facilitators

흔히 진행자 또는 조정자는 프로그램 관리자와 함께 프로그램의 성패를 가를 수 있다고 한다. 절차 성공의 상당히 많은 부분이 그들의 기술과 교육 그리고 프로그램에 대한 헌신에 달려 있다. 따라서 강조되듯이 진행자의 모집, 선발, 훈련은 각 새로운 프로그램의 필수적 요소가 되고, 프로그램 전 기간에 걸쳐 항상 문제가 된다.

진행자 모집에 관하여 결코 사소하지 않은 질문들이 분명히 있다(예: 자원 봉사자에 의할지, 전문가에 의할지 또는 양자의 혼합에 의할 것인지).[181] 그러나 그것은 사례별로 더 잘 처리된다. 어떤 프로그램에서는 절차 진행을 용이하게 하는 서비스를 제공하는, 전문적으로 훈련받고 인증된 전문가의 서비스를 이용할 수 있다. 이는 사건이 적은 프로그램에서 훈련된 전문가를 상시 고용하지 않고도 이용할 수 있다는 장점이 있다. 전문가

---

180   Ho, H., Neusteter, S.R. and la Vigne, N.G. (2013), *Justice Reinvestment – A toolkit for local leaders*, Washington, D.C.: Urban Institute, Justice Policy Centre. See also: Council of State Governments Justice Centre (2013), *Lessons from the States – Reducing Recidivism and Curbing Corrections Costs through Justice Reinvestment*, New York: Council of State Governments Justice Center.

181   Rosenblatt, F.F. (2015), *The Role of Community in Restorative Justice*, London: Routledge.

협회 또는 정부 기관은 때로 인증제도를 참고하여 이용 가능한 진행자 및 조정자 명단을 만들 수 있다.[182]

앞서 두 장에서 논의한 바와 같이 프로그램의 성격과 그것이 제공되는 전후 사정, 프로그램 참여자, 프로그램이 다루게 되는 피해의 특성 및 그 밖의 많은 요소들에 따라 진행자에게 요구되는 훈련의 유형이 결정될 것이다. 각 프로그램은 진행자/조정자에게 필요한 기술을 주의 깊게 파악하고 그 정보를 채용 및 훈련 활동에 통합시켜야 한다. 자원봉사자든 전문가든 진행자는 지속적인 교육, 지원 및 감독을 받아야 한다.

기본 원칙Basic Principles에서는 진행자가 그 역할을 수행할 수 있는 전문지식을 갖추고 필요한 경우 지역의 문화와 공동체를 이해할 수 있도록 훈련받아야 한다고 규정하고 있다. 또한 기본원칙은 회복적 사법 프로그램의 운영을 규율하기 위한 직무능력표준standards of competence과 행동규칙rule of conduct을 수립할 것을 제안한다(제13조 (c)). 진행자를 인증할 수 있는 구조와 절차를 구축하고 회복적 사법 프로그램에 참여하는 진행자를 평가, 규제 및 감독할 수 있는 시스템을 구축하는 것이 바람직하다.

회복적 사법 프로그램의 확산에도 불구하고 진행자 및 조정자의 인증이나 공인 문제에는 상대적으로 거의 관심을 기울이지 않았다. 많은 국가에서 회복적 사법에서의 직업적 숙련도를 보장하는 합의된 방식, 일련의 합의된 회복적 사법 실무 표준, 그리고 품질 관리와 책임에 대한 공유된 체제를 필요로 하고 있다. 또한 이용가능한 고충 처리 절차와 실효성 있는 징계 절차를 포함하는 등 조정자의 책임을 보장하기 위한 법적 장치도 필요할 수 있다. 또한 인증을 위한 합의된 접근방식이 있으면, 더 많은 실무자들이 인증을 받기 위해 훈련 요건을 충족함으로써 수준을 향상시키는 데에도 기여할 수 있다.[183]

자원봉사자 및 공동체 진행자community facilitators

프로그램 이행 시, 때로는 전문가와 협력하며, 존경받는 지역 자원봉사자들을 참여시키는 경우 분명히 몇 가지 중요한 이점이 있다. 자원봉사자는 공동체의 모든 부문에서 적절한 성별, 문화적, 인종적 균형을 맞추어 모집할 수 있도록 노력을 기울여야 한다. 자원봉사자의 존재는 공동체와 사법제도 사이에 더 깊은 관계를 형성하는데 도움이 될 것이다. 예를 들어, 태국에서는 공동체의 구성원을 자원봉사 보호관찰관으로 모집하는데 이들은 또한 회복적 사법절차의 진행자 역할도 할 수 있다. 태국에서는 청소년 법원의 참심원lay judges이 때로는 진행자로서 훈련을 받는다.

자원봉사자를 이용하는 경우, 또한 공동체 구성원들이 문제 해결과 가해자·피해자의 재통합을 촉진할 수 있을 뿐만 아니라, 기술역량을 개발하며, 공동체 내 범죄와 사회 질서위반에 대한 대응에서 주요한 역할을 담당할 수 있도록 할 수 있다. 자원봉사자들은 더 나아가 트레이너, 멘토, 감독자로서의 역할을 할 수 있다.

그리고 많은 새로운 프로그램들이 공동체가 참여하고 주로 자원봉사자의 형태로 필요한 자원의 많은 부

---

182 모범사례에 대해서는, Scottish Government (2018), *Best Practice Guidance for Restorative Justice Practitioners and their Case Supervisors and Line Managers*; Restorative Justice Council (2011), *Best Practice Guidance for Restorative Practice*, London: RJC 참조.

183 예를 들어, 영국에서는 2011년 회복적 사법 위원회(the Restorative Justice Council (RJC))가 "회복적 실무자(restorative practitioner)" 국가 등록부를 개설하였다. "영국에서 최소 1년의 회복적 절차 종사 경험"이 있는 자는 실무지침을 준수한다는 조건하에 소위 "RJC 실무자 품질 표시"를 사용할 수 있는 혜택이 있는 "인증 실무자 지위"를 RJC에서 부여받을 수 있다.

분을 제공하게 될 것이라는 가정에 기초하여 개발되고 재정 지원되고 있다는 점에 유의해야 한다. 그 가정은 신중하게 검증될 필요가 있다. 이에 다음 사항을 고려해야 한다:

- 모든 공동체가 새로운 프로그램에 충당하거나 기존 공동체 기반 정의 절차에 회복적 실무를 구축할 수 있는 여유 자원을 가지고 있는 것은 아니다.
- 자원봉사 일반 또는 형사 사법 체계 내의 자원봉사에 대한 지배적인 지역적 태도는 공동체마다, 또는 문화마다 매우 다를 수 있다.
- 자원봉사자들과 긴밀히 협력한다는 생각에 대한 지역의 형사 사법제도의 수용성이 반드시 최고 수준인 것은 아니다.
- 회복적 프로그램은 자원봉사자를 지원하고, 교육하고, 멘토링하고, 감독하며 감사를 표하는데 필요한 자원을 확보하지 않고는 작동할 수 없다.

자원봉사자의 역할은 세심하게 정의되고 관련자 모두에게 설명되어야 하며 채용 시 심사과정이 잘 마련되어야 한다. 자원봉사자 모집에 대한 명확한 기준을 분명히 명시하고 알려야 한다. 마지막으로 모집 시 공동체의 특정 부분이 프로그램을 장악하게 하거나 프로그램이 그에 의해 지배된다는 인식이 들도록 해서는 안 된다.

7.4 법적 체제 필요성의 검토

제1장에서 언급한 바와 같이 법적 지원(체제/권한)의 부재가 반드시 회복적 사법 프로그램의 시행에 장애가 되는 것은 아니다. 공식적인 법적 지위 없이 운영되는 많은 성공적인 프로그램들이 있다. 그러나 권한을 부여하는 법적 체제가 있다면 특히 프로그램이 아직 자리잡지 못한 국가에서는 프로그램의 성공적인 개발과 시행을 위한 합법성과 자금을 제공하여 새로운 회복적 사법 프로그램을 개발하는 중요한 출발점이 될 수 있다.

명시적으로 명문화된 입법이나, 형법 또는 형사소송법 개정, 그리고 정책 성명에서 회복적 실무의 이용에 따라 일정한 자금을 지원하도록 명하거나 우선권을 주거나 확인을 할 수 있다. 예를 들어, 2010년 케냐 헌법 제159조 제2항 (c)는 "화해, 조정, 중재를 포함하는 대체적 형태의 분쟁해결과 전통적인 분쟁해결 체계는 제3항에 따라 추진되어야 한다."[184]고 규정하고 있다. 제3항에서는 전통적 분쟁해결 체제는 권리장전을 위반하거나, 정의와 도덕에 반하거나, 정의와 도덕에 반하는 결과를 초래하거나, 이 헌법이나 여하한 명문의 법률에 일치하지 않는 방식으로 사용되어서는 안된다고 규정하고 있다.[185] 또 다른 예가 캐나다 연방 소년 형사법Youth Criminal Justice Act에 규정되어 있는데, 이 법은 소년 구금 건수를 줄이기 위하여 모든 수단을

---

184 Kenya, The Constitution of Kenya (27 August 2010).
www.parliament.go.ke/sites/default/files/2017−05/The_Constitution_of_Kenya_2010.pdf.

185 위의 pdf파일.

강구해야 한다고 규정하고 있다.[186]   라트비아[Latvia]에서는 형사사건에서 피해자–가해자 조정이 형사소송법[187]과 국가보호관찰법[188]에 의해 규율된다. 형사사건의 피해자–가해자 조정은 보호관찰청[State Probation Service]이 이를 수행한다. 형사소송법 제381조에 의하면, 합의가 있는 경우, 보호관찰청에서 훈련받은 진행자가 피해자와 형사범죄를 범한 자 사이의 화해를 용이하게 할 수 있다고 규정하고 있다. 절차를 지휘하는 자(경찰, 검사 또는 판사)는 보호관찰청의 전문가에게 합의 가능성에 관하여 알려줄 수 있다.[189]

경우에 따라, 사법 공무원이 사건을 통상의 사법절차로부터 다이버전이나 회복적 또는 참여적 사법절차로 회부할 수 있는 재량권을 설정하기 위하여 법개정이 필요할 수 있다. 많은 혁신적이고 유망한 프로그램들이 형사 사법 공무원들의 너무 낮은 회부 건수로 인해 그 목적을 달성하지 못하곤 한다. 분명히 법 집행 기관과 각급 사법 공무원들의 의사결정 재량권의 적절한 행사는 대부분 프로그램의 성공에 결정적이다.

재량권의 적절한 사용은 흔히 법률에 의해 촉진되고 지도되어야 한다. 많은 형사 사법제도에서는 이미 기존의 법적 틀 안에 법집행 및 형사 사법 공무원이 사건을 대체적 절차로 회부하거나 그러한 절차를 수립할 수 있는 충분한 재량권을 가지고 있다. 다른 경우 그러한 권한을 설정하고 책임체계를 규정할 필요가 있을 수 있다. 모든 경우 대체 프로그램 회부에 관한 의사결정 과정은 가능한 한 투명하고, 모니터링되는 것이 중요하다. 재량권이 남용되지 않고 용납할 수 없는 차별이나 부패의 유혹의 원천이 되지 않도록 하기 위해, 입법이나 공식 절차 및 정책에 근거하는 책임체계가 일반적으로 요구되고 있다.

회복적 사법 이용을 위한 법적 체제에는 그 이용을 가능하게 하거나, 이를 고려할 것을 요구하거나, 또는 이를 의무화하는 경우가 있을 수 있다. 회복적 사법 프로그램을 가능하게 하는 경우, 법은 명확히 규정된 특정 조건 하에 일정한 가해자를 주류 사법제도로부터 회복적 프로그램으로 전환할 수 있는 재량권을 형사 사법 종사자(가장 흔하게는 경찰과 검사)에게 부여한다. 법에서 회복적 사법 조치를 고려할 것을 요구하는 경우, 형사 사법 종사자는 가해자를 회복적 사법 프로그램으로 전환할 수 있는 가능성을 고려해야 한다. 또한 일부 국가에서는 청소년 가해자의 경우, 경찰이나 검사가 개인을 조정, 회복적 대화모임 또는 다른 다이버전 프로그램에 회부하는 것을 거의 의무화했다.

회복적 사법에 관한 입법을 개발하는 정책담당자들이 고려해야 할 문제들이 있다. 다음 사항을 위해 입법이 필요한지 여부에 관한 물음이 이에 포함된다.

- 회복적 사법 프로그램 이용에 대한 법적 장애의 제거 또는 감소(필요시, 법집행 기타 사법 공무원의 의사결정 재량권 설정을 포함)
- 회복적 프로그램 이용을 위한 법적 유인책 마련
- 회복적 사법 프로그램을 위한 지침 및 구조 제공
- 회복적 프로그램에 참여하는 가해자 및 피해자의 권리 보호 보장

---

186   Youth Criminal Justice Act, S.C. 2002, c. 1, s. 4. www.laws-lois.justice.gc.ca/PDF/Y-1.5.pdf.

187   Criminal Procedure Law of Republic of Latvia, Section 381, Actualization of a Settlement.

188   State Probation Service Law of Republic of Latvia.

189   Kronberga, I, Mangule, I. and Sile, S. (2013), *Restorative Justice in Latvia*, Centre for Public Policy – Providus.

- 이러한 원칙의 준수 여부를 모니터링하기 위한 지도 원칙 및 방법 수립
- 서비스 구축(예: 보호관찰청을 서비스 제공자로 선언) 및 자금 지원

법과 정책에 따라서는 평등, 비례성, 이중위험금지no double-jeopardy(즉, 동일 범행으로 재차 기소될 수 없다) 등 일정한 법원칙에 비추어 조정 절차와 그 결과를 평가하는 사법적 통제 절차를 법이 규정해야 할 수 있다. 자유로이 동의하지 않았거나 제대로 절차가 관리되지 않은 결과 이루어진 결정/합의에 대하여는 이의를 제기할 수 있는 권리가 법에 존재해야 한다. 당사자 중 일방이 더 이상 회복적 절차에 동의할 수 없거나 철회를 희망할 때, 통상의 형사 사법절차로 돌아갈 권리가 보장되어야 한다. 이것은 본질상 회복적일 수 있는 추가적 선택권을 배제할 수도 아닐 수도 있다.

일부 국가에서는 정부 자금지원을 구하고 회복적 프로그램을 지속하기에 충분한 자금 제공을 보장받기 위해 새로운 프로그램에 대한 법적 권한이 필요하다.

또한 각 법역에서 회복적 접근방식의 이용을 장려하고 이를 성취하기 위한 절차를 제시하는 다양한 유형의 정책으로 회복적 절차에 대한 법적 권위를 보완할 수 있다.

대부분의 법역에서 소년범에 대한 규정이 보다 광범위하게 개발되어 있긴 하지만, 회복적 절차 이용에 관한 법과 정책은 일반적으로 소년범과 성인범 모두에 대한 규정을 포함한다.

7.5 리더십, 조직 및 프로그램 구조

효과적인 회복적 사법 프로그램을 개발하고 시행하기 위하여는 강력하고 효과적인 리더십과 회복적 사법의 가치와 원칙을 증진하기 위해 헌신하는 유능한 운영진이 필요하다. 또한, 합의의 개발과 이행, 파트너십 유지 및 회복적 사법 프로그램의 지속적인 운영에 대한 임무를 맡을 수 있는 형사 사법 시스템 전문가와 NGO 및 공동체의 주요 인사들로 구성된 간부단cadre이 있어야 한다. 조직의 모든 레벨에서 목표를 분명히 해야 한다.

리더십은 공동체 내 형사 사법 종사자와 이해관계자들의 "정의justice"에 대한 인식과 어떻게 정의가 가장 잘 달성되는지에 대한 그들의 인식을 바꿀 수 있도록 도와야 할 필요가 있다. 이를 위해서는 생각의 "고정관념을 벗어나" 사법제도의 대응 범위를 반응적, 대립적, 응보적 접근 이상으로 확대하여 종결감closure, 치유, 용서, 재통합과 같은 개념을 포함하도록 해야 한다. 마찬가지로, 공동체 구성원에게 회복적 실천은 가해자들에게 자신의 행동에 대한 책임을 지우고 피해자와 공동체에게 직접 절차에 참여할 수 있는 기회를 제공하는 점에서 전통적인 대립적 접근방식보다 훨씬 더 효과적으로 보일 수 있다. 공동체는 잘 지도된 참여적 · 회복적 사법절차가 어떻게 다양한 갈등 문제를 해결하는 능력을 발전시키면서 공동체의 힘을 키우는데 도움이 될 수 있는지 배우고 이해할 수 있다. 회복적 사법절차는 또한 공동체 구성원들 간에 역량을 강화하고 중요한 기술들을 향상시킬 수 있다.

회복적 절차의 도입을 촉진하기 위한 조직 내 여건 조성의 어려움을 과소평가해서는 안 된다. 회복적 사

법 실천을 지지하는 환경을 조성하기 위해서는 형사 사법기관의 구조와 문화에 변화가 필요하다. 경찰들이 단순한 질서유지와 법집행보다는, 회복적 문제 해결에 나서서 평화회복과 갈등해결에 주력하도록 하는 것이 이에 포함된다. 판사에게 분쟁 해결을 위한 대체 포럼 개발을 모색할 수 있는 권한이 부여되거나, 심지어 통상의 양형절차에도 일부 회복적 요소를 도입하는 것을 의미한다. 조직적 가치에도 평화회복, 갈등해결, 공동체 구축에 초점을 맞추는 등과 같이 상응하는 변화가 필요하다. 이는 다시 형사 사법 기관과 그 종사자가 민간 부문, 비정부 기구 및 이익 단체와 같은 지역사회의 모든 이해관계자와 협의 과정에 참여하여, 가장 적절한 프로그램과 절차를 결정할 것을 요구한다.

7.6 형사 사법 기관의 지원 확보

새로운 회복적 사법 프로그램을 시행하거나 기존 프로그램에 중요한 변경을 가하여 시행하려면 의사소통 전략이 필요하다. 그 목적은 형사 사법 전문가와 공동체 모두에게 회복적 사법 접근방식을 효과적으로 홍보하는 것이다. 이 의사소통 전략은 정부와 NGO를 포함한 여러 소통창구로부터 개시될 수 있다.

정부의 이익·지원의 동원 및 유지

회복적 사법절차가 범죄 행위와 사회적 갈등을 다루는 대안적 접근방식을 다양하게 제시하며, 광범위한 공동체 참여를 포함할 수 있는 한편, 정부는 이것의 계획 수립과 시행되고 지속될 수 있는 입법 및 정책 틀을 제공해야 한다.

이를 위해서는 정부 고위 관계자들이 직접 회복적 사법의 원칙과 실천에 대해 교육을 받고 회복적 절차의 이용과 관련된 쟁점과 과제를 이해해야 한다. 고위 형사 사법 관리직의 전문 교육에는 회복적 사법의 이론과 실무에 노출될 기회가 포함되지 않는 경우가 많기 때문에 이것은 특히 중요하다.

회복적 사법 프로그램을 위한 자금지원은 중앙 정부, 지방 정부 및 NGO를 포함한 여러 출처에서 제공될 수 있다.

사법체계 내에 참여적 절차를 편입하는 것은 현상태에 대한 도전으로 인식되기 쉬울 수 있다. 현상태의 복원력, 시스템 자체의 관성력, 또는 변경안이 직면하게 될 적극적 소극적 저항을 과소평가하는 실수를 범하지 말아야 한다. 변경안이 성공적으로 이행될 경우, 필연적으로 전문적 영향력의 영역과 권력 및 통제의 범위에 영향을 미치거나, 또는 다양한 사람들의 "영역"을 침해할 것이다. 본래 피해자들과 공동체에 힘을 실어주기 위해서 마련된 조치들이 일부 사법 전문가들에게는 일단 위협으로 인식될 것이다. 처음에는, 그리고 그러한 인식들이 효과적으로 관리되지 않는 경우에는, 참여사법 접근방식의 채택이 많은 사람들에게 제로섬 게임으로 해석될 수밖에 없는데, 제로섬 게임에서는 다른 사람들이 힘을 얻으면 그 자신은 힘을 일부 잃어야 하는 것이다.

형사 사법 종사자는 필수적으로 회복적 사법의 원칙과 실무에 대한 교육을 받아야 한다. 예를 들어, 용서와 치유에 대한 관념은 법적 절차와 실체법으로 훈련된 사법부 구성원들에게는 비교적 생소한 것일 수 있다. 경찰은 일반적으로 회복적 원칙과 실무, 특히 시행 중인 구체적인 회복적 프로그램에 대한 정보가 부족해서 사건을 회복적 사법 프로그램에 회부하는 것을 꺼릴 수 있다. 경찰이 회복적 사법에 대해 교육을 받지 않으면, 회복적 사법절차에 참여하는 혜택을 피해자들에게 알려줄 수 없다. 보호관찰 감독관과 기타 일선 근무자들은 그 업무 수행시 회복적 접근을 활용하도록 독려해야 한다. 이를 위해 새로운 기술을 습득할 것이 요구될 수 있다.

프로그램에 참여하는 형사 사법 실무자와 지역사회 봉사자들은 새로운 절차에 자신감을 갖고 참여할 수 있도록 이에 필요한 기술과 기법에 대하여 효과적인 훈련을 받아야 한다. 회복적 실천의 가치에 대한 형사 사법 전문가의 유보적 태도를 극복하기 위해 활용할 수 있는 추가 전략은 회복적 절차에 참여하도록 설득하는 것이다. 이러한 개인적 차원에서는 회의적이었던 경찰 고위 간부, 검사, 판사들이 곧 열성적인 옹호자가 될 수도 있다고 한다. 다른 한편 하나 문제되는 것은 조직이 현행 관행을 "회복적"이라고 칭하는 식으로 회복적 사법절차를 "상징적으로" 채택해서 진정한 회복적 사법 실천에 필요한 정책과 방향에서 요구되는 변화를 피할 수도 있다는 것이다.

변경안을 적극적으로 지지해줄 협력자를 파악하고 영입하는 것도 중요하다. 참여적이고 회복적인 접근법을 채택하고 옹호하는 데 호의적인 사법제도 내 요직에 있는 인물들을 확인하는 것도 마찬가지로 중요하다. 핵심 이해관계자들은 기존 절차에 대한 변경을 계획하고 이행하는 프로그램 개발 초기 단계에 직접 참여해야 한다. 예를 들어, 검찰은 사건을 새로운 절차에 회부할 수 있는 핵심 위치에 있어 특히 유의해야 한다. 새로운 회복적 사법구상을 지원하기 위해 사법부 관계자는 어느 정도 위험을 감수하게 될 것인데 그들 모두가 그러한 위험을 인수하려 하지는 않을 것이라는 점을 인식해야 한다.

마지막으로, 사법 시스템의 내부로부터든 외부로부터든 회복적 사법 프로그램을 개발하고 시행하는 데 관여하는 사람들이 사법시스템 내에서 뿐만 아니라 지역사회, 민간 부문, NGO 간, 종교단체 기타 시민사회 단체, 학계에서 지원 네트워크를 구축하는 것도 중요하다. 이것은 새로운 프로그램의 장기적 실행가능성과 지속가능성을 보장하는 데 도움이 될 것이다.

형사 사법 인력의 참여·지원의 동원 및 유지

회복적 사법 접근방식의 잠재적 이익은 그 조직에서 일하는 사람들 사이에 회복적 사법의 원칙과 실천에 대한 이해가 있을 때 눈에 띄게 향상된다.

이들의 지지를 이끌어내고 확보하려면 소통전략의 개발이 필요하다. 미디어 활용, 공동체 내 다양한 이해관계자 그룹에 대한 프레젠테이션, 훈련 교육과정, 실천 공동체 구축을 도모하는 회복적 구상에 관여하는 사법부와 공동체 기반 관계자의 '팀' 회의, 회복적 절차 운영에 관한 지속적인 피드백을 받기 위한 체제 등이 이에 포함된다. 이러한 전략은 회복적 절차를 지원하는 동력을 유지하기 위한 전체 계획의 구성요소여야 한다. 이러한 전략과, 계획의 주기적인 갱신이 없을 경우, 회복적 절차의 효율성이 저하될 것이다.

형사 사법 관리자들이 회복적 프로그램을 시행하기 시작하면 그들의 노력에 대하여 적극적 소극적 저항에 직면할 것으로 예상할 수 있다. 따라서, 회복적 사법 파트너십, 합의 및 절차의 완전성을 훼손하지 않으면서 문제를 고려하고 수용할 수 있는 방법을 개발해야 한다.

7.7 공동체 동원

회복적 사법 프로그램은 피해자들 문제나 관심사를 사회적 범죄 대응의 중심에 놓기 위해 처음 제안되었다. 이제는 개별 범죄에 대한 적절한 대응을 찾는 데 공동체 구성원 및 다양한 이해관계자들을 참여시키는 그 능력과 참여적 특성 때문에 점점 더 가치가 높게 평가되고 있다. 참여사법participatory justice은 그 장래성이 강해서 지지를 얻고 있다. 문제해결 법원problem solving courts 및 공동체 법원community courts과 함께 회복적 사법 프로그램은 공동체에 갈등을 해결할 수 있는 수단을 제공한다. 그러나, 참여사법의 근본적인 난제는 피해자와 가해자의 권익을 보호하면서 동시에, 시민사회의 참여를 효과적으로 동원하는 방법을 찾아야 한다는 점이다.[190]

공동체 참여는 전반적으로 회복적 사법에 대한 대중의 인식과 지원에 관련되어 있다. 많은 국가의 연구에서 회복적 사법에 대한 대중의 지식은 제한적이지만, 특히 배상과 적극적 참여라는 회복적 사법의 핵심요소와 관련해서는 회복적 사법에 대한 대중의 태도가 상당히 긍정적이라는 것을 보여준다.[191]

범죄는 사회적 문제이고 단순한 사적 갈등이 아니다. 따라서 공동체 참여는 회복적 사법 프로그램의 성공에 결정적이고, 일부 문제가 될 수 있는 경우들을 포함하여 여러 가지 형태를 취할 수 있다.[192] 유감스럽게도, 회복적 사법의 되풀이되는 어려움 중 하나는 어떻게 실제 환경에서 공동체 개념을 작동가능하게 할 것인가이다.[193] 앞서 논의한 바와 같이, 늘 '공동체가 누구이며 무엇인가'라는 의문이 생긴다. 베이즈모어Bazemore와 움브라이트Umbreit에 의하면, "공동체가 정의되고 회복적 회합 모델에 관여하는 방식은 시민 참여 및 소유의 성격과 정도에 영향을 미치는 결정적 요소"라고 한다.[194] 또한, 공동체에 대한 많은 회복적 사법 접근방식에서, "실제로는 문제가 있을 수도 있는 공동체에 대하여 미화되고 도덕화된 관점"이 있다는 점에도 주목해 왔다.[195] 공동체가 반드시 자비롭다고 분명히 단정할 수는 없다. 즉, "공동체가 행사하는 권력에 내재된 위험이 있을 수 있다."[196] 그러나, 여러 맥락에서, 개인들이 그들의 공동체를 구성하는 것이 무엇인지 분명히 이해하고 있기 때문에, "누가, 무엇이 공동체인가"에 관한 질문은 문제되지 않는다.

공동체 개념은 다소 정의definition하기 나름이어서 조심스럽게 접근해야 한다. 공동체의 동원은 갈등에 의해 영향을 받은 개인과 집단, 그리고 공동체 내에서 갈등 해결에 참여할 수 있는 위치에 있는 개인과 집단을 파악하는 것으로 시작한다. 공동체의 자산과 능력뿐 아니라 공동체의 요구에 대한 이해는 이 과정에서 중요한 기초적 요소를 제공할 것이다. 어떤 경우에는 치유가 가장 필요한 공동체인데도 스스로 공동체를 성공

---

190 Dandurand (2016), "Alternative Approaches to Preventing Recidivism".

191 Pali, B. and Pelikan, C. (2010), *Building Social Support for Restorative Justice: Media, civil society and citizens*, Leuven: European Forum for Restorative Justice.

192 Rosenblatt (2015), *The Role of Community in Restorative Justice*.

193 O'Mahony and Doak (2017), *Reimagining Restorative Justice*.

194 Bazemore, G. and Umbreit, M. (1998), *Conferences, Circles, Boards, and Mediations: Restorative justice and citizen involvement in the response to youth crime*, Washington, D.C.: Office of Juvenile Justice and Delinquency Prevention, Balanced and Restorative Justice Report.

195   Dickson-Gilmore, J., and La Prairie, C. (2005), *Will the Circle be Unbroken? Aboriginal communities, restorative justice, and the challenge of conflict and change*, Toronto: University of Toronto Press.

196 O'Mahony and Doak (2017), *Reimagining Restorative Justice*.

적으로 동원할 수 없어서 공동체 기반의 회복적 절차에 완전히 참여할 수 없다는 것을 깨닫게 될 수도 있다. 아이러니하게도, 일부 연구자들은 "회복적 사법이 성공적인 공동체를 필요로 한다"고 결론짓고 있다.[197] 성공적이거나 건강한 공동체에서는 많은 가해자가 나오지도, 돌아가지도 않는다는 것은 슬픈 진실이다. 사실 가해자들은 빈곤, 실업, 사회적 배척, 소외, 그리고 범죄에 의해 이미 어려움을 겪고 있는 공동체에서 나올 가능성이 더 높다.

예컨대 평화회복peacemaking이나 양형 써클 같이, 공동체 구성원들이 참여하도록 특별히 프로그램이 고안된 경우, 범죄에 영향을 받거나 그 절차의 결과에 기타 이해관계가 있는 공동체 구성원들을 참여시키는 것에 관하여는 많은 현실적인 물음들을 다루어야 한다.[198] 여기에는 범죄에 의해 영향을 받은 사람을 결정하고, 갈등 해결의 당사자가 될 수 있는 사람들을 파악하고, 그들과 연락할 방법을 찾고, 사안에 관련된 모든 자의 사생활을 보호하는 것을 포함한다. 회복적 사법 프로그램에서 "이해관계자"가 누구인가의 문제는 좀처럼 쉽거나 결정적인 답이 있는 경우가 거의 없다.[199]

많은 회복적 사법 실천에서는 정부/형사 사법 체계와 공동체 사이의 관계가 변화할 수 있는 기회를 제공한다. 공동체는 범죄와 갈등의 문제 대응에 적극적인 역할을 하고, 그렇게 함으로써 그 공동체의 사회적 결속력은 물론 문제 해결 능력과 비공식적인 사회적 통제 역량도 강화된다. 그러나, 회복적 사법 실천이 공동체가 처한 상황에 관계없이 반드시 치유와 변혁적 효과가 있을 것이라고 항상 가정할 수는 없다. 어떤 경우에는 참여사법 프로그램을 도입함으로써 기존의 사회적 긴장, 불공평과 불평등, 권력 격차, 다양한 형태의 배제, 차별 또는 배척 등이 완화되기보다 악화될 수 있다. 적어도 새로운 프로그램을 설계하고 시행할 때에는 이러한 가능성을 고려해야 한다.

회복적 사법 실천에 공동체를 충분히 참여시키기 위해 고려해야 할 많은 문제들이 있다. 다음 사항이 이에 포함된다:

- 대중에게 회복적 사법에 대해 알리고 교육하기 위해 언론과 어떻게 협력할 수 있는가?
- 어느 공동체 구성원이 관여하고 그들의 회복적 절차에 대한 효과에 영향력을 미칠 수 있는 공동체 내의 권력 계층과 역학 관계는 무엇인가?
- 누가 회복적 절차에 포함되어야 하는지를 어느 지침에서 정의하는가?
- 공동체 지지를 동원하고 공동체 주민이 조정자, 진행자 및 멘토로서 회복적 사법 프로그램에 지속적으로 참여하도록 하는 데 활용할 수 있는 전략은 무엇인가?
- 공동체의 회복적 사법 구상 참여에 따른 잠재적인 부정적 영향을 최소화하기 위해 어떤 전략을 개발할 수 있는가?

---

197 Dickson-Gilmore, J. and La Prairie, C. (2005), *Will the Circle be Unbroken? Aboriginal communities, restorative justice, and the challenge of conflict and change,* Toronto: University of Toronto Press, p. 10.

198 Ehret, B., Szego, D. and Dhondt, D. (2016), "Peacemaking Circles, their Restorative and Crime Prevention Capacities for Women and Children", in Kury, H., Redo, S. and Shea, E. (eds.), *Women and Children as Victims and Offenders: Background, Prevention, Reintegration,* Zurich: Springer, pp. 341-365.

199 Crawford, A. and Clear, T. (2001), "Community Justice: Transforming communities through restorative justice", in Bazemore, G. and Schiff, M. (eds.), *Restorative Community Justice: Repairing harm and transforming com\-munities,* Cincinnati (OH): Anderson, pp. 127-149.

- 공동체 주민들이 회복적 사법 프로그램에 참여할 수 있도록 하기 위해 어떤 훈련과 기술이 필요한가?
- 전문 교육을 받지 않은 공동체 주민은 어느 정도까지 회복적 사법절차에 참여할 수 있는가?
- 기존 구조와 절차가 어떻게 회복적 사법 프로그램의 기초를 제공할 수 있는가?

일부 회복적 사법 프로그램에서는 참가자들에게 가해자나 피해자에 대한 지원 역할을 하거나 가해자에게 직업이나 서비스 기회를 제공할 책임을 부여함으로써 문제 해결에 대한 시민 참여도 촉진할 수 있다.

대對 공동체 홍보

공동체에 대해 계속 회복적 사법 프로그램의 진행과 운영을 알리는 것은 보통 그 성공의 전제조건이다. 공동체는 프로그램의 영향과 정당성에 대해 여전히 약간의 의구심을 가질 수 있는데, 그것은 모든 대중 홍보활동에서 고려되어야 한다. 공동체 구성원이 나타내는 우려는 제기될 때마다 다루고, 가능하면 언제든지 그들을 프로그램에 참여하도록 초대하면 폭넓은 지지 기반을 만드는 데 효과적일 것이다. 정기적인 상담과 정보 공유를 통해 의사 소통의 끈을 유지하는 것도 공동체가 이 프로그램에 대한 긍정적인 성향을 유지하는 데 도움이 될 것이다.

그러나, 대부분의 상황에서 대중매체의 중개를 통해 지역사회와 소통이 이루어진다. 공동체에 프로그램을 설명하고 새로운 발전상황을 지속적으로 알리기 위해서는 언론과의 협력의 중요성은 아무리 과대평가해도 지나치지 않다.[200] 부정적이고 두려움이 뒤섞인 이야기들은 신문지상의 혹평으로 이어질 수 있고 이는 열악한 대중 인식을 초래할 수 있어서 결국 다른 기관들이 그 프로그램에 대한 언급에 대해 점진적으로 "문을 닫게" 될 수 있다. 이와는 대조적으로 참가자들의 긍정적인 경험은, 미디어나 다른 메커니즘을 통해 전달되든 아니든, 반대의 효과를 가질 수 있다.

때로는 프로그램 참가자의 프라이버시를 보호해야 할 필요성 때문에 정직과 투명성이 제한될수 있다 하더라도, 성공적인 프로그램에는 정직과 투명성에 기반하고 있는 견고한 의사소통 계획이 있을 것이다. 프로그램의 장점과 성공에 대한 과장된 주장뿐 아니라 사법체계 내 다른 기관이나 부처에 대한 불필요하거나 부당한 비판, 과장된 공개 발언은 삼가해야 하고, 그 대신 사실의 냉정한 제시와 대중이 공감할 수 있는 솔직한 인간적인 이야기가 제시되어야 한다. 지역사회의 다양한 여론주도층 인사와 다른 사법기관의 대변인을 동원하여 이 프로그램에 대한 공개적 지지를 표명할 수 있도록 할 수도 있을 것이다.

마지막으로, 모든 프로그램은 비상 소통 계획contingency communication plan을 마련하여 사안 중 잘못되는 경우가 있거나 관련 가해자 중 프로그램에 대해 부정적 관심을 끌게 될 경우에 실시할 수 있도록 대비해야 한다. 사실, 모든 프로그램은 당연히 피해자나 공동체에서 문제가 되는 사례가 최소 한 건은 있을 것이라고 생각해야 한다. 그러한 예에 대비하지 못한 경우 많은 신생 프로그램들이 종말을 고하였다.

---

200   Pali and Pelikan (2010), *Building Social Support for Restorative Justice.*

7.8 피해자의 회복적 사법 참여 증진

본 핸드북에서 앞서 논의한 바와 같이, 회복적 사법 참여에 동의하는 피해자의 혜택은 상당할 수 있다. 전반적으로, 그 절차에 대한 피해자들의 만족도는 매우 높은 경향이 있다.[201] 다양한 프로그램 평가들에서 범죄 피해자들이 회복적 사법절차 참여에 다양한 이유로 만족하고 있음을 보여주었다.[202] 그러나 모든 피해자가 회복적 사법을 알고 있거나 관심이 있는 것은 아니다. 단지 소수의 사건만이 회복적 사법에 회부되고 피해자 스스로 요청한 회부는 예외적인 수준에 머물렀다. 일반적으로 피해자들의 회복적 사법 이용 비율은 매우 낮다. 예를 들어, 잉글랜드와 웨일즈 범죄조사 자료에 따르면, 범죄의 피해자가 있는 사례에서 단지 7.2%의 피해자들만이 가해자와 만날 기회를 제공받았고, 가해자와 만날 기회를 제공받지 못했다고 한 나머지 92.8%의 피해자들 중 24.7%가 그럴 기회를 제공받았다면 응했을 것이라고 하였다.[203]

회복적 사법에 대한 피해자들의 우호적인 태도에 비추어 볼 때, 문제는 회복적 사법이 피해자들에게 제공되어야 하는지 여부가 아니라 어떻게 해야 하는가에 있다.[204] 모든 피해자가 가능성에 관심이 있는 것은 아니지만 많은 피해자들이 그것을 모르고 있으며, 따라서 잠재적 이익을 놓치고 있다. 피해자들은 늦기전에 조속히 그들이 가진 회복적 선택지에 대해 알고 싶어하며,[205] 회복적 사법 제안에 대해 모른 채 있기 보다는 그 제안을 거절하고 싶어 한다. 정보와 선택의 기회는 피해자들에게 권한을 강화하고 통제력을 부여하는 것이다.

회복적 사법은 모든 경우에 적절한 것은 아닐 수 있으므로 피해자 참가는 사례별로 다루어질 필요가 있다. 이 경우 피해자들이 참가한다면 피해자들이 항상 안전하고 적절하게 준비되도록 해야 하며, 절차의 모든 단계와 그 이후에도 지원이 보장되도록 해야 한다.

회복적 사법절차 참여에 동의하는 피해자들에게는 잠재적인 위험과 결점이 있다. 일반적으로 피해자가 참여에 동의해야 하고 이는 강제될 수 없다고 이해되지만, 그렇다고 해서 반드시 피해자가 본인 동의 없이 회복적 사법절차가 진행되는 것을 막을 수도 있다는 것은 아니다. 몇몇 관할권에서는 피해자들에게 그 절차에 대한 보다 높은 수준의 통제권이 부여되어 있다. 예컨대, 피해자가 회의 진행에 동의하지 않음으로써 거부권veto power을 가질 수 있는데 이것은 매우 드문 일이다.

다음은 피해자들의 참여를 촉진하기 위해 실무자들이 파악한 몇 가지 방법이다:[206]

- 회복적 사법 서비스에 피해자의 자기회부self-referrals를 허용 또는 촉진

---

201 예컨대, Vanfraechem, I., Bolivar Fernandez, D. and Aertsen, I. (eds.) (2015), *Victims and Restorative Justice*, London: Routledge; Umbreit, et al. (2008), "Victim–Offender Mediation", in Sullivan, D. and Taft, L. (eds.), *Handbook of Restorative Justice; Bolívar, et al. (eds.) (2015), Victims and Restorative Justice*; Hansen and Umbreit (2018), "Four Decades of Victim–offender Mediation Research and Practice"; Ministry of Justice of New Zealand (2016), *Restorative Justice Victim Satisfaction Survey* 참조.

202 이러한 이유는 복잡하다: 이는 절차적 공정성 또는 정의, 종결감(sense of closure), 감정표현 능력, 및 친사회적 동기의 고려 가능성 등을 포함한다. 예컨대, Van Camp and Wemmers (2013), "Victim Satisfaction with Restorative Justice" 참조.

203 Victims' Commissioner (2016), *A Question of Quality: A review of restorative justice: Part 2 – Victims*.

204 Van Camp and Wemmers (2016), "Victims' Reflections on the Protective Approaches to the Offer of Restora\‐tive Justice".

205 Shapland, et al. (2011), *Restorative Justice in Practice*.

206 Bright, J. (2017), *Improving Victim Take-up of Restorative Justice*, London: Restorative Justice Council; Bargen, C., Lyons, A. and Hartman, M. (2019), *Crime Victims' Experiences of Restorative Justice: A listening project*, Ottawa: Department of Justice Canada.

- 회복적 사법에 대한 대중의 인식 제고
- 피해 발생 직후 회복적 사법절차 가능성에 대한 피해자 인식 제고
- 일선 사법 공무원들의 피해자 회부 부진의 문제 해결
- 피해자를 위한 선택권 및 선택사항(시간 지정, 절차, 장소, 피해자 참여에 대한 다양한 선택사항 등) 마련
- 회복적 사법에서의 시의성timeliness에 대한 피해자 통제권 강화
- 서비스 제공자의 피해자 지원활동 장려
- 능숙한 피해자 참여 및 준비 절차 보장
- 대화 수행 방식에 대한 피해자의 의견 개진 허용
- 동료 지원peer support을 포함하여 피해자에게 지원 제공
- 요청 시 후속 조치 및 여러 차례 회의 기회 제공
- 가해자 참여에 대한 장애요소 제거

피해자들은 자신의 선택권을 알고 자신이 추구하고자 하는 정의의 선택지를 결정할 수 있도록 정보를 제공받기 원한다.[207] 회복적 사법 서비스 제공자가 사건을 확인하는 방식을 검토하는 것도 특히 중요하다. 그 방식에는 최전선의 법 집행 및 파트너 기관에 의한 회부, 피해자 또는 가해자의 자기회부 그리고 행정직원이 잠재적 사건을 식별하는 사건추출case extraction이 포함된다. 범죄, 가해자 및 피해자에 대한 경찰과 법원 데이터에 접근할 수 있는 사건추출 모델은 종종 가장 효과적인 접근방식으로 제시된다.[208] 또한 범죄별로 회복적 사법 서비스 접근을 배제하는 것은 없어져야 한다는 제안도 있다.

회복적 사법 대화모임RESTORATIVE JUSTICE CONFERENCES**에 대한 만족도**

뉴질랜드 법무부를 대표해 실시한 최근 피해자 만족도 조사에서는 법무부가 지원하는 회복적 사법절차에 대한 피해자의 경험과 만족도를 측정하였다.[a] 조사 결과, 대부분의 피해자는 적어도 자신들이 참석한 회복적 사법 대화모임에 상당히 만족하고(86%), 모임 전, 모임 중, 모임 후 등 회복적 사법 경험 전반에 대해 상당히 만족(84%)한 것으로 나타났다. 긍정적인 경험의 결과, 84퍼센트는 비슷한 상황에서 다른 사람들에게 회복적 사법을 추천할 것이라고 답하였다. 회복적 사법 대화모임 참가경험은 약 3/4의 피해자들에게 긍정적인 영향을 미쳤다.

일부 응답자가 불만족스럽다거나 다른 사람에게 그 절차를 추천하지 않을 것 같다고 답한 주요 이유는 다음과 같다: 만남에서 실제 일어난 일이 정보와 불일치한다고 느꼈다; 그 절차에 참여하는데 다른 선택의 여지가 없다고 느꼈다; 범죄와 첫 만남 사이에 시간이 너무 길었다; 가해자가 사과하는데 진실하지 않다고 느꼈다; 그리고 후속 조치가 부족했다(가해자가 어떻게 되었는지에 대한 피드백이 없고, 가해자가 합의된 대로 이행하지 않았는데, 피해자들에게 도움이나 지원이 더 필요한지 확인하기 위한 후속 조치가 없었다).

a　Gravitas (2018), *Ministry of Justice – Restorative Justice Survey*.

207　Wemmers (2017), "Judging Victims: Restorative choices for victims of sexual violence".

208　Wemmers (2017), "Judging Victims: Restorative choices for victims of sexual violence".

주요 사항 요약

1. 회복적 사법 프로그램이 성공적으로 이행되려면 다음 사항이 요구된다: 강력한 리더십, 조직 및 구조의 필요성뿐 아니라 입법이나 규정의 필요성 고려, 형사 사법 기관의 지원 확보, 공동체 자산의 파악·동원 및 공동체와 사법체계의 기존 강점에 기반한 구축, 그리고 시행 과정의 세심한 계획과 모니터링이 필요하다.

2. 국가 차원에서 회복적 사법의 발전을 지원할 것과 공동체뿐 아니라 법집행, 사법 및 사회복지 당국이 회복적 사법을 이용하는 것에 있어서 우호적인 문화를 증진하기 위해 전략적 접근이 종종 요구된다.

3. 설계 단계에서는 다음의 몇 가지 기본적인 선택이 수반되는데, 이는 우수사례에 관한 충분한 최신 정보를 바탕으로 합의하에 더욱 잘 이루어질 수 있다:
   • 적절한 모델의 선택
   • 성취하고자 하는 결과/합의 정의
   • 프로그램의 조직 및 장소
   • 처리해야 할 사안의 유형에 대한 결정
   • 우선순위 설정
   • 파트너 및 이해관계자의 참여 확보
   • 명확하고 관리 가능하며 책임 있는 관리 구조 확립
   • 운영 정책 및 절차 채택, 프로그램의 효과적인 운용 보장
   • 프로그램을 위한 적절한 비용 예측, 예산 책정 및 자금 지원 보장
   • 자원봉사자의 역할 결정

4. 회복적 사법을 위한 근본 과제는 피해자와 가해자의 권익을 보호하면서 시민사회의 관여와 공동체의 긍정적 참여를 효과적으로 동원하는 방안을 찾는 것이다.

5. 공동체 참여는 일반 대중의 의식과 회복적 사법에 대한 지원과 관련되어 있다.

6. 회복적 사법 프로그램의 성공적인 시행을 위해서는 피해자의 회복적 사법절차 참여를 향상시키는 것이 중요하다. 실무자는 다음을 통해 피해자의 참여를 촉진할 수 있다.
   • 회복적 사법 서비스에 대한 피해자 자기회부 허용 또는 증진
   • 회복적 사법에 대한 대중의 인식 제고
   • 피해 발생 직후 피해자들의 회복적 사법에 대한 인식 제고
   • 일선 사법 관리들의 피해자 회부 부진 문제 해결
   • 서비스 제공자의 피해자 지원 활동 장려
   • 숙련된 참여 및 준비 절차 보장
   • 가해자 참여에 대한 장애요소 제거

8. 프로그램 관리감독, 모니터링 및 평가

이 장에서는 회복적 사법 서비스 및 회복적 사법 훈련 제공자의 활용을 관리감독하고, 국가 및 기타 품질과 이행 표준에 대한 준수 여부를 모니터링하기 위해 프로그램을 추적관찰하고 관리감독하는 메커니즘에 대해 논의한다. *기본원칙*The Basic Principles(제22조)은 적절한 경우 시민사회와 협력하여 "그들이 이끌어 낸 회복적 결과의 정도를 평가하고 형사 사법절차의 보완 또는 대체로서의 역할을 하며, 모든 당사자에게 긍정적인 결과를 제공"하기 위하여 회복적 사법 프로그램에 대한 연구 및 평가를 장려할 것을 회원국에게 권장한다. 또한 기본원칙은 회복 절차가 시간이 지남에 따라 변경될 수 있으며 "연구 및 평가 결과가 추가적인 정책 및 프로그램 개발로 이어져야 한다"는 것을 인정하고 있다.

8.1 프로그램 관리감독Programme oversight

회복적 사법 서비스는 관할 당국이 인정하는 표준에 따라 관리되어야 한다. 회복적 사법 프로그램 수행을 위한 자격의 기준, 윤리 규칙 및 권리에 기반한 절차를 개발해야 한다. 또한 진행자facilitators의 선정, 교육, 지원, 감독supervision 및 평가를 위한 표준과 절차도 있어야 한다.

연구를 통해 잠재적인 진행자가 다른 진행자보다 더 나은 절차를 이끌어낼 수 있는 능력이 있는지를 예측할 수는 없다. 진행자의 역할에 대한 체계적인 연구에 의하면 "회복적 정의 회합restorative justice conference에서 절차적 정의를 이끌어냄에 있어 선천적 능력에 기초한 진행자의 선정이 경험이나 실천보다 더 중요하다"고 한다.[209]

회복적 사법 서비스 및 회복적 사법 훈련 제공자는 권한 있는 독립기관에 의해 관리감독을 받아야 한다. 일부 사례에서 회복적 사법의 절차에서 도출된 합의 및 기타 결과에 대한 법원 판단에 의해 제공될 수 있는 관리감독 외에도, 프로그램의 전반적인 품질을 유지하고 회복적 정의 원칙과 법률 및 기타 기존 표준의 준수 여부의 모니터링에 대한 충실성을 보장하기 위해 보다 포괄적인 프로그램 관리감독 메커니즘이 필요하다. 어떤 경우에는, 모든 회복적 사법 프로그램에 대한 지속적인 인증 절차를 통해 그러한 관리감독이 제공될 수 있다.

프로그램 표준의 채택 및 적용은 독립적인 프로그램 관리감독 메커니즘의 존재를 의미한다. 예를 들어,

---

209 Sherman, *et al.* (2015), "Twelve Experiments in Restorative Justice".

영국에서는 회복적 사법위원회Restorative Justice Council; RJC에 의한 품질보증시스템이 마련되어 있다. 이 위원회는 적정하고 안전한 회복적 사법 서비스를 제공하기 위해 서비스가 따라야 할 표준을 설정하는 회복적 사법 서비스 표준을 개발하였다. 그러한 서비스 제공이 회복적 사법 서비스 표준에 부합함을 입증하는 회복적 사법 서비스는 회복적 사법 서비스 품질마크Restorative Service Quality Mark, RSQM를 획득할 수 있다. [210]

8.2 프로그램 모니터링 및 평가의 필요성

유럽 의회는 회원국이 실행하거나 자금을 지원하는 모든 프로그램의 평가의 촉진과 회복적 사법 프로그램이 그들의 서비스에 대한 독립적인 평가를 허용하고 지원할 것을 권장한다. [211]

그러나 지난 수십 년 동안 전 세계적인 회복적 사법 프로그램의 확산에도 불구하고 평가 연구가 이루어진 것은 최근 몇 년 동안이다. 평가는 프로그램 효과를 지원하거나 제한하는 조건을 더 잘 식별하고 향후 새로운 프로그램의 개발 및 실행으로 이끄는 증거에 기반을 둔 실천을 더욱 발전시키기 위해 필요하다.

체계적인 평가의 가능성을 제공하기 위해서는, 프로그램이 실행되기 전이라도 평가 목적에 필요한 데이터를 프로그램 개발 초기에 체계적이고 지속적으로 파악되고 수집해야 한다. 또한 프로그램 성능의 표준과 목표를 설정하고 모니터링 체계를 마련해야 한다. [212]

정량적 정보와 정성적 정보는 모두 모니터링 절차에 유용하게 이용될 수 있다. 수집할 수 있는 통계 정보는 다음과 같다.

- 회복 프로그램 관련 사례의 건수 및 유형 (범죄행위 특성 포함)
- 의뢰의 출처
- 가해자 및 피해자가 프로그램 참여에 동의하는 빈도
- 피해자 또는 가해자가 프로그램 참여를 거부하는 이유
- 사례 준비에 필요한 시간
- 대면 회합 비율
- 각 당사자의 참여
- 회복적 사법절차 수행에 필요한 시간
- 절차를 통해 도달한 합의의 성격 및 내용
- 합의의 성립의 성공률
- 회복적 사법절차에 참여한 가해자의 재범률 및 유형

---

[210]   Restorative Justice Council: The Restorative Service Standards, the Practitioner Code of Practice, and the Code of Practice for Trainers and Training Organizations.

[211]   Council of Europe, Recommendation CM/Rec(2018)8 of the Committee of Ministers to Member States concerning restorative justice in criminal matters, para 66.

[212]   Galaway, B. (1998), *Evaluating Restorative Community Justice Programs*, Denver: The Colorado Forum on Community and Restorative Justice.

- 회복적 사법절차에 참여한 자원봉사자 인원 및 봉사시간
- 비용 정보
- 범죄피해자, 가해자, 회복적 사법절차에 참여하는 지역사회 구성원, 진행자의 특성(예: 나이, 성별, 민족)
- 참가자의 인식과 절차 및 그 결과에 대한 경험의 만족도

정성적 데이터는 회복적 사법절차의 관찰과 인터뷰 또는 당사자, 전문가 및 기타 회복적 사법절차의 참여자들과의 포커스 그룹focus groups을 통해 수집될 수 있다.

회복적 사법 프로그램은 그들이 수용한 사례, 관련된 개인, 그들이 제공하는 서비스 및 달성된 결과에 대한 정보를 수집할 수 있는 데이터시스템을 개발해야 한다. 유럽 의회는 익명화된 데이터를 관할 당국이 전국적으로 수집하여 연구와 평가를 목적으로 이용할 수 있도록 권장한다.[213] 또한 국가차원에서 이러한 측정 프레임워크는 회복적 사법 프로그램을 평가하고 평가결과를 비교하기 위한 체계적 근거를 제공하게 될 것이다.

유럽 평의회는 또한 국제적인 정보 공유가 회복적 사법의 사용, 개발 및 영향과 정책, 연구, 훈련 및 혁신적 접근의 공동작업 활동으로 이어져야 한다고 제안한다.[214]

8.3 회복적 사법 프로그램 평가시 고려 사항

회복적 사법절차의 효과를 평가할 때 염두에 두어야 할 많은 고려 사항이 있다. 여기에는 다음의 사항이 포함되지만 이에 국한되지 않는다.

- 연구 현장, 자료, 참여자 접근 장애
- 기존의 형사 사법제도에 참여한 범죄피해자 및 가해자의 적절한 통제 집단 확보 및 참여가 자발적인 절차이라는 사실에 대한 통제의 어려움
- 수많은 회복적 사법 프로그램과 이러한 프로그램의 목표와 목적의 다양성
- 처리된 사례건수와 특성에 따른 회복적 사법 프로그램의 폭넓은 다양성
- 추천 기준에 대한 적절한 통제 및 비교 가능성의 결여, 진행자의 역량 및 교육, 개별 회복적 사법 프로그램이 운영되는 입법 및 정책 프레임 워크, 결과 평가에 사용되는 다양한 척도
- 프로그램 성공을 측정하기 위해 사용되는 지표의 변동성
- 회복적 사법 프로그램에 참여한 가해자의 재범 평가에 사용된 기간의 차이
- 범죄피해자와 가해자의 "만족도", 범죄피해자의 "두려움" 수준, 가해자와 피해자의 회복적 사법절차에 대한 기대치를 평가하기 위해 프로그램 평가에서 사용되는 구체적인 방법

---

[213] Council of Europe, Recommendation CM/Rec(2018)8 of the Committee of Ministers to Member States concerning restorative justice in criminal matters, Rule 39.

[214] 위의 권고 제64조.

- 회복적 사법절차에 대한 범죄피해자와 가해자의 경험에 대한 평가 수행 방식
- 다음과 같은 다양한 상황에 대한 통제, 즉 도시/농촌, 인종의 다양성/민족의 동질화, 회복적 사법절차가 운영되는 것에 상당한 어려움이 있는 공동체/고도로 통합된 공동체
- 프로그램 직원 및 진행자가 받는 교육 유형의 다양성 통제
- 회복적 사법절차가 운영되는 다양한 입법 및 정책체계의 통제
- 매우 주관적이고 개인적이며, 상호작용하는 절차에 대한 관찰결과의 정량화
- 회복적 사법절차가 공동체, 가족 및 시스템 역량을 향상시키는 정도를 평가하기 위한 조치 개발
- 피해자 권한 강화, 가해자 반성 및 재활을 평가하기 위한 방법의 개발
- 공동체 역량, 가족 역량, 시스템 역량, 피해자 권한 강화 및 공동체의 참여와 같은 개념의 운영
- 특히 기존의 형사 사법제도와 달리 회복적사법의 비용 효율성을 평가하기 위한 방법 개발

또한 지금까지 실시된 대부분의 평가는 범죄피해자와 가해자의 경험에 초점을 맞추고 있다. 향후 연구는 정치인과 법집행기관 및 형사 사법 관계자의 견해를 연구할 필요가 있다. 그들의 결정, 행동 또는 비활동은 회복적 사법절차의 개발과 실행, 궁극적인 성공에 상당한 영향을 미칠 수 있다. 마찬가지로, 향후 연구는 훈련의 영향, 진행자의 성격과 스타일, 그리고 긍정적인 결과를 도출하는 그들의 경험을 포함하는 회복적 사법 실천의 성공에 있어서 진행자가 수행하는 역할에 초점을 맞출 수 있다.

프로그램 결과에 대한 가능한 척도는 다양하며, 여기에는 피해자, 가해자 그리고 공동체 구성원을 포함한 제3자의 만족도와 같은 보다 주관적인 조치와 재범 수준 및 심각성, 공동체의 범죄에 대한 두려움의 수준과 같은 보다 사실적인 조치가 포함된다. 또한 피해자 만족도를 평가하기 위해 사용할 수 있는 다음과 같은 다양한 지표들이 있다. (a) 사건 처리방식, (b) 사건의 결과, (c) 진행자, (d) 절차의 공정성, (e) 가해자와의 상호작용.

마지막으로, 엄격한 평가 기준을 충족하기 위해서는 회복적 사법절차에 참여한 가해자와 피해자 그룹의 경험과 태도를 형사 사법절차의 대상이 된 가해자/피해자 그룹과 비교하는 것이 중요하다.

8.4 재범에 대한 프로그램 영향 측정

대부분의 회복적 사법 접근법의 주요 특징은 전체적인 틀 내에서 범죄 또는 갈등을 고려하고, 사건의 근본 원인을 파악하여 해결하고자 하는 의도이다. 회복적 사법의 개입이 근본적인 문제를 해결함에 있어 효과성의 정도를 측정하는 평가체계를 구축하는 것은 매우 어려울 수 있다. 이러한 유형의 영향을 측정하려면 회복적 사법절차에 관련된 당사자로부터 데이터를 수집하는 데 중점을 둔 연구설계가 필요하다.

피해자 지지자들은 회복적 사법이 효과가 있음을 증명하기 위해 만족스럽고 공정하게 대우받는 피해자와 가해자를 지적할 수 있다. 그러나 회복적 사법 프로그램이 미래의 범죄에 어떻게 영향을 미치는가는 프로그램 성공에 대한 논의의 핵심이 되고 있다. 범죄에 대한 저항은 하나의 사건이 아니라 하나의 과정이다. 이 핸드북의 앞부분에서 언급한 바와 같이 어떤 상황에서는 회복적 사법 프로그램에 의해 재범행위가 감소

될 수 있다는 증거가 있다. 예를 들어, 뉴질랜드 법무부가 발표한 보고서에 따르면 5년 동안 회복적 사법 프로그램에 참여한 가해자의 재범률은 비교 가능한 범죄자보다 12개월 동안 15% 낮았고, 3년 동안 7.5% 낮은 것으로 나타났다.[215] 다른 연구에서도 가해자의 범죄에 대한 저항에 미치는 영향을 입증할 수 있었다.[216] 일부 연구에서는 회복적 사법이 덜 심각한 범죄보다는 보다 심각한 범죄를 다루는 데 더 효과적 일 수 있다고 제안하였다.

그러나 재범이 어떻게 개념화되고 다른 연구에서 어떻게 측정되는지에 대해서는 현저한 차이가 있다. 이러한 차이는 관찰된 다양한 결과에서 기인하는 것 같다. 실제로 회복적 사법과 재범에 대한 실증적 연구 문헌이 늘어나면서 나타나는 그림은 아직 명확하지 않다. 그럼에도 불구하고 최근 프로그램 평가의 다음과 같은 주요 결과 중 일부는 주목할 가치가 있다.

회복적 사법 프로그램 평가의 분석에 따르면 회복적 사법 개입은 평균적으로 비교적 작지만 재범률의 현저한 감소와 관련이 있다는 점을 지적하고 있다. 개입은 위험도가 낮은 범죄자들에게 더 효과적인 것으로 나타났다. 분석에 따르면 회복적 사법 개입은 고위험 범죄자들에 대한 재범률 감소를 보여주지 못하고 있는 것으로 나타났다.[217]

일부 실무자들의 경우 회복적 사법절차는 "범죄자들의 생각과 행동에 의미 있는 변화를 불러일으킬 수 있지만 지속적인 변화 개입으로 반드시 스스로 범죄에 대한 태도를 취할 필요가 없는 보다 큰 일련의 사건들의 한 구성 요소"로서 더 잘 이해 될 수 있다.[218] 궁극적으로 회복적 사법이 폭넓은 재활 체계의 일부이고 또한 보다 심각하고 위험한 범죄자들을 목표로 한다면 저항력을 증진시키고, 재범을 감소시킬 수 있을 것으로 보인다.[219]

회복적 사법 회합 개입 후의 재범에 대한 연구에 따르면, 재범을 가장 잘 예측하는 요인은 나이, 범죄 초발 연령, 성별, 그리고 범죄전력과 같은 범죄자와 관련된 요인으로 나타났다. 남성은 여성보다 재범 가능성이 더 높으며, 청소년들의 범죄 초발 연령이 낮았을 때 재범 가능성이 더 높은 것으로 나타났다.[220] 그러한

215　Ministry of Justice of New Zealand (2015), *Reoffending Analysis for Restorative Justice Cases 2008-2013: Summary Results*, Wellington, New Zealand: Ministry of Justice.

216　Lauwaert, K. and Aertsen, I. (eds.) (2015), *Desistance and Restorative Justice: Mechanisms for desisting from crime within restorative justice practices*, Leuven: European Forum for Restorative Justice; Robinson, G. and Shapland, J. (2008), "Reducing Recidivism A Task for Restorative Justice?", *British Journal of Criminology*, 48(3), pp. 337 – 358; Sherman and Strang, (2012), "Restorative Justice as Evidence-based Sentencing"; Sherman, L., et al. (2015), "Are Restorative Justice Conferences Effective in Reducing Repeat Offending?", *Journal of Quantitative Criminology*; Villanueva, L., Jara, P. and García-Gomis, A. (2014), "Effect of Victim-offender Mediation Versus Dispositions on Youth Recidivism: The role of risk level", *Journal of Forensic Psychology Practice*, 14(4), pp. 302 – 316; Maxwell, G. and A. Morris (2001), "Family Group Conferences and Reoffending", in Morris, A. and Maxwell, G. (eds.), *Restorative Justice for Juveniles: Conferencing, mediation and circles*, Oxford: Hart Publishing.

217　Bonta, J. (2006), *Restorative Justice and Offender Treatment*, Research Summary, 11 (6), Ottawa: Public Safety Canada.

218　Abrams, L., Umbreit, M. and Gordon, A. (2006), "Young Offenders Speak About Meeting Their Victims: Implications for future programs", *Contemporary Justice Review Issues in Criminal, Social, and Restorative Justice*, 9 (3), pp. 243 – 256, p. 254.

219　Ward, T., Fox, K.J. and Garber, M. (2014), "Restorative justice, offender rehabilitation and desistance", *Restorative Justice: An International Journal*, 2 (1): 24 – 42. 또한 Lauwaert, K. (2015), *Guidance for Developing Restorative Justice Processes Supporting Desistance: Promising practices*, Leuven: European Forum for Restorative Justice. 참조.

220　Hayes, H. and Daly, K. (2003), "Youth Justice Conferencing and Reoffending", *Justice Quarterly*, 20(4): 725 – 764, p. 20.

프로그램의 존재와 운영이 피해자와 지역사회에 권한을 부여하는 데 기여하는 정도와 같이 비 범죄자에 대한 회복적 사법절차의 영향을 평가하는 것은 훨씬 더 어렵다. 이러한 평가는 심층 연구가 필요한 질적 유형의 지수들이다.

호주와 뉴질랜드의 회복적 사법 회합에 대한 일부 평가에서는 청소년 범죄자를 위한 회합의 행동 결과를 조사하였다. 이 연구 중 일부는 법원 절차 또는 기타 법원의 다이버전 프로그램과 비교하여 회합의 영향을 살펴보는 것 외에도 재범 예측에 있어 범죄자와 회합 특성의 가변적 영향에 초점을 맞추었다.[221] 그들은 두 개 이상의 개입이 미래의 범죄 행동에 미치는 영향을 비교하기 보다는 개입 내부에서의 가변성이 재범과 어떻게 관련이 있는지를 분석하였다. 이러한 연구는 재범과 관련이 있는 것으로 알려진 요인(예를 들어, 나이, 성별, 범죄전력)을 넘어, 재범 감소와 관련된 회합에서 일어나는 일들이 있음을 보여주었다. 예를 들어, 청소년 범죄자가 반성하거나 회합 결과 합의가 진정한 합의에 의해 결정된 경우 재범 가능성이 감소하는 것으로 나타났다. 청소년 범죄자들이 기억에 남을만한 회합을 가졌고, 치욕스러운 수치심을 느끼지 않았고, 회합 의사결정에 참여하고, 회합 합의를 준수하고, 그들의 행동에 대해 반성하고, 또한 그들이 피해자를 만나 사과를 하고, 그들이 잘못을 바로 잡았다고 느꼈을 때 더 낮은 재범률이 관찰되었다.

주요 사항 요약

1. 회복적 사법 서비스는 관할 당국이 인정하는 독립 기관이 모니터링하는 표준에 따라 관리되어야 한다.

2. 회복적 사법 프로그램(및 회복적 사법 훈련 제공자)의 운영을 관리감독하고 국가, 기타 품질 및 성과 표준에 대한 준수 여부를 모니터링하기 위해 프로그램 모니터링 및 관리감독 메커니즘이 필요하다.

3. 프로그램 관리감독 메커니즘은 프로그램의 전반적인 품질을 유지하고, 회복적 정의 원칙에 대한 충실성과 법률 및 기타 기존 표준을 준수하는 것을 보장하는데 기여한다.

4. 모든 회복적 사법 프로그램에 대한 지속적인 인증 절차를 통해 관리감독을 제공할 수 있다.

5. 회복적 사법 프로그램을 평가하는 과정에서 직면하는 몇 가지 반복적인 문제를 예상하고 해결할 수 있다

6. 프로그램 결과의 가능한 척도는 다양하며, 여기에는 피해자, 가해자 및 공동체 구성원을 포함한 제3자의 만족도와 같은 보다 주관적인 지표와, 재범 수준과 심각성, 공동체의 범죄에 대한 공포 수준과 같은 실질적인 척도들을 포함한다.

7. 회복적 사법 프로그램에 대한 합의된 결과를 측정하는 체계framework는 프로그램 평가 및 평가결과 비교를 위한 체계적인 근거를 제공 할 수 있다.

8. 프로그램 제공 기관은 필요한 정보수집 및 관리시스템을 갖추어야 한다.

---

221   Hayes, H. and Daly, K. (2003), "Youth Justice Conferencing and Reoffending", *Justice Quarterly*, 20(4): 725－764, p. 20.; 또한 Hayes and Daly (2004), "Conferencing and Re−offending in Queensland"'; Maxwell and Morris (2001), "Family Group Conferences and Reoffending". 참조.

결론

회복적 사법의 원칙을 적용할 수 있는 가능성은 형사 사법 전문가, 시민사회단체 및 공동체 구성원의 상상력과 창의력에 의해서만 제한된다. 회복적 사법의 원칙과 실천은 개별 사법권과 공동체의 특정 요건에 맞게 조정될 수 있다. 핸드북에 사용된 사례는 전 세계의 다양한 사법권과 공동체에서 회복적 사법 실천의 역동성을 강조한다. 이러한 사례는 사법제도와 공동체가 피해자, 가해자, 가족 및 공동체 전체의 요구를 해결하기 위해 회복적 사법 원칙을 적용한 방식을 나타내는 예시로만 받아들여져야 한다.

전 세계 이해관계자 집단의 경험은 회복적 사법 프로그램이 범죄 행위로 인한 피해를 보다 효과적으로 해결하고 치유할 수 있는 상당한 잠재력을 가지고 있다는 것이다. 동시에 회복적 사법 프로그램은 범죄피해자들에게 더 강력한 목소리를 제공하고, 가해자들에게는 자신의 행동에 대한 책임을 인정하고 자신의 특정한 요구needs를 해결하는 데 필요한 지원을 받을 수 있는 기회를 제공할 수 있으며, 지역사회에는 범죄 대응뿐만 아니라 갈등예방 및 해결 능력을 개발하고 강화하기 위한 보다 효과적인 전략을 제공할 수 있다.

회복적 사법은 범죄에 대한 "모든 상황에 적용된다"고 하는 접근방식이 아니다. 따라서 정부와 공동체가 범죄피해자, 가해자 및 공동체 구성원의 요구를 가장 효과적으로 충족하는 방식으로 회복적 사법 원칙을 구현함에 따라 계속해서 진화하고 새로운 형태를 띠게 된다. 회복적 사법 접근방식의 성공에 대한 척도는 그것이 다양한 유형의 프로그램과 절차를 만들어내었다는 것이다. 이 핸드북의 자료가 정부와 공동체의 회복적 사법 프로그램의 고려와 시행에 있어 도움이 되기를 바란다.

부록. 유엔 형사 사법에 회복적 사법 프로그램 사용을 위한 기본원칙

전문

전 세계적으로 회복적 사법 계획이 크게 성장하였음을 상기한다.

이러한 계획들이 종종 범죄를 근본적으로 사람들에게 해로운 것으로 간주하는 전통적이고 토착적인 정의의 형태를 취하고 있다는 점을 인식한다.

회복적 정의는 각 개인의 존엄과 평등을 존중하고, 이해를 구축하며, 피해자, 가해자 및 공동체의 치유를 통해 사회적 화합을 촉진하는 범죄에 대한 진화하는 대응이라는 점을 강조한다.

이러한 접근방식은 범죄의 영향을 받은 사람들이 자신의 감정과 경험을 공개적으로 공유할 수 있도록 하고, 그들의 요구needs를 해결하는 것을 목표로 한다는 것을 강조한다.

이러한 접근방식은 피해자가 보상을 받고 더 안전하다고 느끼며 종결을 모색할 수 있는 기회를 제공함을 인식하며, 가해자가 그들의 행동의 원인과 초래한 결과에 대한 통찰력을 얻고 의미 있는 방식으로 책임을 질 수 있도록 하며, 그리고 지역사회가 범죄의 근본적인 원인을 이해하고 지역사회의 안녕을 증진시키고 범죄를 예방할 수 있도록 한다.

회복적 사법은 기존의 형사 사법시스템에 유연하게 적응하고, 법적, 사회적, 문화적 상황을 고려하여 이러한 시스템을 보완하는 다양한 조치를 만들어 낸다는 점에 주목한다.

회복적 사법의 사용이 피의자를 기소할 수 있는 국가의 권리를 침해하지 않는다는 것을 인식한다.

I.   용어의 사용

1. "회복적 사법 프로그램restorative justice programme"은 회복적 절차를 사용하고 회복적 결과를 달성하고자 하는 모든 프로그램을 의미한다.

2. "회복적 절차restorative process"는 일반적으로 진행자의 도움을 받아 피해자와 가해자, 그리고 해당되는 경우 범죄의 영향을 받은 개인이나 지역사회 구성원이 범죄로 인해 발생하는 문제의 해결에 적극적으로 참여하는 모든 절차를 의미한다. 회복적 절차에는 중재, 조정, 회합 및 양형서클이 포함될 수 있다.

3. "회복적 결과restorative outcome"는 회복적 절차의 결과로 도출된 합의를 의미한다. 회복적 결과에는 당사자의 개인 및 집단적 요구needs와 책임을 충족하고 피해자와 가해자의 재통합을 위한 배상, 보상 및 사회봉사 등과 같은 대응 및 프로그램이 포함된다.

4. "당사자parties"는 피해자, 가해자 및 회복적 절차에 관여할 수 있는 범죄의 영향을 받는 개인 또는 지역사회 구성원을 의미한다.

5. "진행자facilitator"는 공정한 방식으로 회복적 절차에 당사자들의 참여를 촉진하는 역할을 하는 사람을 의미한다.

II. 회복적 사법 프로그램의 사용

6. 회복적 사법 프로그램은 국내법에 따라 형사 사법제도의 모든 단계에서 사용될 수 있다.

7. 회복적 절차는 가해자를 기소할 충분한 증거가 있고 피해자와 가해자의 자유롭고 자발적인 동의가 있는 경우에만 사용해야 한다. 피해자와 가해자는 절차 중 언제든지 그러한 동의를 철회 할 수 있어야 한다. 합의는 자발적으로 이루어져야 하고, 합리적이고 적절한 수준의 의무만을 포함해야 한다.

8. 피해자와 가해자는 일반적으로 회복적 절차에 참여하는 근거로서 사건의 기본적인 사실에 동의해야 한다. 가해자의 참여는 후속 법적 절차에서 유죄 인정의 증거로 사용되어서는 안 된다.

9. 당사자 간의 문화적 차이뿐만 아니라 권력 불균형으로 이어지는 불균형은 회복적 절차에 사건의 회부 및 시행 시 고려되어야 한다.

10. 당사자들의 안전은 회복적 절차에 사건의 회부 및 시행 시 고려되어야 한다.

11. 회복적 절차가 적합하지 않거나 가능하지 않은 경우 사건을 형사 사법 당국에 회부하고 지체 없이 진행 방법에 대한 결정을 내려야 한다. 이 경우 형사 사법 담당자는 가해자가 피해자와 피해지역사회에 대해 책임을 지도록 권장하고, 피해자와 가해자의 지역사회에의 재통합 지원에 노력해야 한다.

III. 회복적 사법 프로그램의 운영

12. 회원국은 필요한 경우 회복적 사법 프로그램의 사용을 관리하는 지침과 표준을 입법부의 권한으로 제정하는 것을 고려해야 한다. 이러한 지침과 표준은 본 지침에서 제시한 기본원칙을 존중해야 하며, 특히 다음의 사항을 다루어야 한다.

  (a) 회복적 사법 프로그램에 사건을 회부하는 조건

  (b) 회복적 절차에 따른 사건 처리

  (c) 진행자의 자격, 훈련 및 평가

(d) 회복적 사법 프로그램의 관리administration

(e) 회복적 사법 프로그램의 운영을 관리하는 역량 기준 및 행동 규칙

13. 가해자와 피해자에 대한 공정성을 보장하는 기본 절차적 보호장치는 회복적 사법 프로그램, 특히 회복적 절차에 적용되어야 한다.

   (a) 국내법에 따라 피해자와 가해자는 회복적 절차와 관련하여 법률 고문과 협의할 수 있는 권리가 있으며, 필요한 경우 번역 그리고 / 또는 해석을 받을 권리가 있다. 또한 미성년자는 부모 또는 보호자의 도움을 받을 권리가 있다.

   (b) 회복적 절차 참여에 동의하기 전에, 당사자들은 그들의 권리, 절차의 성격 및 그들의 결정의 가능한 결과에 대해 충분히 알고 있어야 한다.

   (c) 피해자와 가해자에게 회복적 절차에의 참여와 회복적 결과의 수용을 강요하거나 부당한 방법으로 유도해서는 안 된다.

14. 비공개로 실시되는 회복적 절차에서의 논의는 비밀이 유지되어야 하고, 당사자의 동의나 국내법에서 규정하는 경우를 제외하고는 이후에 공개해서는 안 된다.

15. 회복적 사법 프로그램에서 도출된 합의 결과는 적절한 경우 사법적 감독을 받거나 사법적 결정 또는 판결에 통합되어야 한다. 그러한 경우 결과는 다른 사법적 결정이나 판결과 동일한 지위를 가져야 하며, 동일한 사실에 대한 기소를 금지해야 한다.

16. 당사자들 간에 합의가 이루어지지 않은 경우, 해당 사건을 기존의 형사 사법절차와 결정에 다시 회부하여 필요한 조치가 지연되지 않도록 해야 하고, 지체 없이 내려야 한다. 단독으로 합의에 도달하지 못한 경우 후속 형사 사법절차에서 사용될 수 없다.

17. 회복적 절차에서 이루어진 합의를 이행하지 않은 경우 회복적 프로그램에 회부하거나 국내법에서 정한 바에 따라 기존의 형사 사법절차에 회부해야 하며, 진행 방법에 대한 결정은 지체 없이 내려져야 한다. 다른 사법적 결정이나 판결에 비해서 합의 이행을 하지 않은 것이 후속 형사 사법절차에서 더 엄격한 양형을 정당화하는 근거로 사용되어서는 안 된다.

18. 진행자는 당사자의 존엄성을 고려하여 공정한 방식으로 직무를 수행해야 한다. 그러한 자격으로 진행자는 당사자들이 서로 존중하여 행동하고 또한 당사자들이 그들 사이에서 적절한 해결책을 찾을 수 있도록 해야 한다.

19. 진행자는 지역문화와 공동체에 대해 잘 이해하고 있어야 하며, 적절한 경우에는 진행 임무를 수행하기 전에 초기 교육을 받아야 한다.

IV. 회복적 사법 프로그램의 지속적인 개발

20. 회원국은 법집행 기관, 사법 및 사회 당국, 공동체 간에 회복적 사법의 사용에 유리한 문화의 증진과 회복적 사법의 개발을 목표로 하는 국가 전략 및 정책의 수립을 고려해야 한다.

21. 회복적 프로그램이 사용되는 범위를 확대하고, 회복적 절차와 결과의 효과성 향상과 공통의 이해를 증진시키기 위해, 또한 형사 사법 실무에 편입될 수 있는 회복적 접근법의 시도를 위해 형사 사법 당국과 회복적 사법 프로그램 관리자 간에 정기적으로 협의하여야 한다.

22. 회원국은 적절한 경우 시민사회와 협력하여 회복적 결과를 가져 오는 정도를 평가하고, 형사 사법절차를 보완하거나 대체하는 역할을 하며, 모든 당사자에게 긍정적인 결과를 제공하기 위해 회복적 사법 프로그램에 대한 연구 및 평가를 촉진해야 한다. 회복적 사법절차는 시간이 지남에 따라 구체적인 형태로의 변화를 경험할 수도 있다. 따라서 회원국은 그러한 프로그램의 정기적인 평가와 수정을 장려해야 한다. 연구 및 평가 결과는 추가적인 정책 및 프로그램 개발로 이어져야 한다.

V. 유보조항

23. 이 기본 원칙의 어떠한 내용도 국내법 또는 적용 가능한 국제법에 규정된 범죄자 또는 피해자의 권리에 영향을 미치지 않는다.

번역자 소개

김재희 성균관대학교 법학박사(형사법 전공), 이화여자대학교 법학전문대학원 연구교수
Zaehee Kim 현) 성결대학교 파이데이아학부 조교수

김영식 전북대학교 법학박사, 국제교도소협회(PFI)한국지부 회원, 서울지방교정청 총무과장 등
Youngshik Kim 현) 부산구치소 소장

나영민 성균관대학교 법학박사(형사법 전공), 경찰관(총경), 성남중원경찰서장 등
Youngmin Na 현) 경찰청 경제범죄수사과장

조미선 이화여자대학교 법학전문대학원 졸업, 변호사
Misun Cho 현) 이화여자대학교 법학전문대학원 특임교수

조현지 이화여자대학교 법학박사(형사법 전공), 한국형사정책연구원 연구위원
CHO Hyunji 현) 해외변호사

강지명 성균관대학교 인권센터 전문위원, 사)한국회복적정의협회 회복적 사법연구회장
Jeemyoung Kang 현) 경상남도 교육청 민주시민교육과 사무관

안성훈 일본 메이지대학 법학박사(형사법 전공)
Sunghoon An 현) 한국형사법무정책연구원 선임연구위원

유엔 형사사법 핸드북
회복적 사법 프로그램을 위한 핸드북
제2판

발행일	2021년 10월 5일
지은이	UNODC
옮긴이	김재희 외 6인 공역
편 집	정은희
기획/마케팅	조성호
표지디자인	이미연
제 작	고철민 · 조영환
펴낸곳	(주) **박영사**
	서울특별시 금천구 가산디지털2로 53, 210호(가산동, 한라시그마밸리)
	등록 1959.3.11. 제300-1959-1호(倫)
전 화	02) 733-6771
fax	02) 736-4818
e-mail	pys@pybookco.kr
homepage	www.pybook.co.kr
ISBN	979-11-303-3835-4 93360

* 파본은 구입하신 곳에서 교환해 드립니다. 본서의 무단복제행위를 금합니다.
* 역자와 협의하여 인지첩부를 생략합니다.

정 가   12,000원